河南财经政法大学统计与大数据学院i

本书的出版得到河南省高等学校人文社会科
计研究中心"和刘定平教授"中原千人计划"专项

大数据征信

对信贷的影响研究

基于个人及中小企业视角

A Study of the Impact of
Big Data Credit Reporting on Credit
From the Perspective of Individual and SME

张文博 / 著

经济管理出版社
ECONOMY & MANAGEMENT PUBLISHING HOUSE

图书在版编目（CIP）数据

大数据征信对信贷的影响研究：基于个人及中小企业视角/ 张文博著 . —北京：
经济管理出版社，2021.1

ISBN 978-7-5096-7706-3

Ⅰ.①大…　Ⅱ.①张…　Ⅲ.①个人信用—研究—中国②中小企业—企业信用—
研究—中国　Ⅳ.①F832.4

中国版本图书馆 CIP 数据核字（2021）第 022001 号

组稿编辑：杨　雪
责任编辑：杨　雪　陈艺莹
责任印制：黄章平
责任校对：董杉珊

出版发行：经济管理出版社
　　　　　（北京市海淀区北蜂窝 8 号中雅大厦 A 座 11 层　100038）
网　　址：www.E-mp.com.cn
电　　话：（010）51915602
印　　刷：唐山昊达印刷有限公司
经　　销：新华书店
开　　本：720mm×1000mm/16
印　　张：10
字　　数：159 千字
版　　次：2021 年 7 月第 1 版　　2021 年 7 月第 1 次印刷
书　　号：ISBN 978-7-5096-7706-3
定　　价：59.00 元

前　言

　　由于我国金融体系并不完善，长期以来大量个人及中小企业的信贷需求得不到充分满足，但随着近几年我国的经济转型、金融深化改革，个人及中小企业信贷成为刺激经济结构调整及转型升级的主要动力之一，引起了市场及政府部门的高度重视。信贷的核心是如何高效解决信息不对问题，从而进行有效的风险管理。征信的主要服务领域为信贷业，作为金融重要基础设施之一的征信业，其主要功能是解决信用交易中的信息不对称问题，而在大数据这一新时代信息技术的影响下，大数据征信的产生和发展使银行等金融机构的信贷业务进入了一个"技术含量较高"的阶段。

　　目前，国内外学者对于大数据征信在个人及中小企业信贷领域的作用和影响已经有初步认识，但诸多研究只是对这种影响进行描述性分析，很少有学者对大数据征信影响个人及中小企业信贷的作用机制和影响路径进行理论证明与实证检验。因此，本书将在前人研究的基础上，对大数据征信在信贷领域的相关研究和实践进行拓展，梳理大数据征信相关的理论及实践，从理论及实践两个角度探究大数据征信影响个人及中小企业信贷的作用机理和影响路径，为我国大数据征信，乃至征信体系的建设提供一定的理论及实践参考。

　　基于此，本书从个人信贷和中小企业信贷融资两方面展开大数据征信对信贷影响的研究，通过相关的模型构建与实证检验，阐明大数据征信促进信贷的作用机理与影响机制。

首先，本书对征信、大数据征信的相关理论和文献作了梳理，在第二章笔者提出，信息不对称理论、交易费用理论及声誉理论是传统征信的理论基础，大数据理论与复杂性理论属于大数据征信创新与传统征信的理论基础。其次，本书从大数据征信、信贷及大数据征信对信贷的影响三方面对相关文献进行整合与梳理，从现有研究方面构建了本书的理论研究基础。在此基础上，本书第三章从实践方面回顾了大数据征信的发展、在信贷领域的应用现状和大数据征信对信贷的影响效应。从征信实践的发展历史与特征和大数据征信在个人信贷及中小企业信贷领域的应用现状来看，大数据征信的产生与发展是具有历史必要性的。第二章、第三章分别从理论和实践两方面为后文的研究打下了基础。

在第四章，笔者首先基于信息不对称视角、交易费用视角和声誉视角三个方面构建了大数据征信对个人及中小企业信贷的作用机理，利用征信的传统理论揭示了大数据征信影响信贷的理论机制。其次，从实践角度出发，笔者分析了大数据征信影响信贷的现实路径：大数据征信主要通过大数据信息采集技术及大数据分析模型来影响征信的广度和深度。

第五章主要从模型构建及实证检验两方面，研究大数据征信对个人信贷的影响。首先，从信贷配给理论出发，分析有大数据征信参与时的信贷均衡情况，得到大数据征信的引入有利于降低个人信贷成本、提高个人信贷可获得性的结论。其次，基于理论分析，实证部分从信贷的规模、成本和质量三方面，以银行信用卡数据为例，运用面板回归模型对大数据征信对个人信贷的影响进行检验。研究结果显示：从整体上看，征信系统的发展有利于个人信贷规模和质量的提升以及成本的降低；具体从征信的广度和深度上看，征信广度对个人信贷的规模、成本和质量均有显著促进作用，而征信深度仅对个人信贷质量的提升有一定影响，对贷款规模和贷款成本并没有显著提升作用。最后，通过对区分样本区间的检验，证明了有大数据征信参与后，无论是征信系统整体，还是单从征信的广度和深度来看，征信对个人信贷的促进作用都表现得更明显、更显著。

　　第六章主要研究大数据征信对中小企业信贷的影响。从大数据征信对"软信息"成本的影响出发，证明了大数据征信可以使得金融机构以更少的成本识别更多的企业风险，提高其对中小企业风险定价的科学性和合理性。除此之外，笔者还对被大数据征信降低的"软信息"成本与中小企业信贷融资被排斥度之间的关系进行了数值模拟，结果显示，大数据征信能够显著降低获得中小企业软信息的成本，从而提高中小企业信贷的可获得性。实证部分采用中国中小企业的数据，通过对区分样本区间的检验，从征信体系发展程度、征信广度和征信深度三方面分别对以上结论进行证明。对比来看，在大数据征信应用之后，征信系统发展指数对中小企业信贷融资的影响稍有加大，这说明大数据征信技术可以促进中小企业的信贷融资；具体从征信广度和深度来看，在大数据征信应用以后，征信体系的广度和深度发生了显著变化，对中小企业的信贷融资的可获得性也产生了更为显著且明显的变化。

　　在总结全书结论的基础上，第七章提出我国大数据征信发展的相关政策建议：要大力发展大数据征信，健全相关法律法规及信息标准；充分发挥大数据征信助力普惠金融的作用，健全大数据、大数据征信相关人才培养体系。此外，笔者还展望未来进一步研究的方向，希望相关学者进一步细化和完善大数据征信的相关理论与实证方法。

目 录

绪 论

第一节　选题背景与研究意义

一、选题背景

自 2011 年以来，互联网技术的快速发展及大范围应用，逐渐改变着人们的生活方式和思维方式，开始能够决定很多行业的兴衰。随着技术水平不断提高，数据的采集、分析、传输、存储及交互方式在不断变革，大数据在越来越多的行业和场景中得到应用，大数据时代随之到来。尽管对于大数据、大数据时代还没有权威定义，但其对社会、经济、生活、文化等领域的冲击和影响是有目共睹的，并且这种冲击和影响日益广泛和深刻。大数据时代最突出的一个特点就是信息量增多，信息增长速度极速提升，信息采集、分析、处理、传输、储存的效率也快速提高。作为金融重要基础设施之一的征信业正是以信用信息的搜集、加工和处理为载体的。因此，在新一代信息技术的影响下，大数据征信成为了目前大数据在经济、金融领域应用的一大热点。

征信的主要服务领域即为信贷业。由于我国金融体系不完善，长期以来大量个人及中小企业的信贷需求并不能得到充分满足，然而随着近几年我国经济的转型，个人及中小企业信贷成为刺激经济结构调整及转型升级的主要动力之一，引起了市场及政府部门的高度重视。那么，大数据的产生和发展是否会对我国个人及中小企业信贷的发展产生影响呢？

在个人信贷领域，利用大数据征信的相关数据和技术对个人信用进行综合评价是一个新兴研究方向。吴晶妹（2015）认为相较传统个人信用评价模式，大数据征信利用互联网，以大数据技术为手段记录和判断人们的信用价值，为征信注入了丰富、多维的信用数据，为信用资本的定价提供了参考和依据（吴晶妹，2015）。我国是目前世界上互联网使用人口最多的国家，截至 2018 年 12 月，我国网民规模达 8.29 亿人，手机网民规模达 8.17 亿人，普及率近 60%；与此同时，我国手机网络支付用户规模达 5.8 亿人，年增长率为 10.7%。① 互联网大数据背后隐藏着巨量的信息，通过大数据技术对用户在交易、网购、社交等平台的行为和商誉数据进行挖掘、分析和整合，利用先进机器学习理论，建立基于高维、分散、碎片化信用信息的信用评估模型，将个人的大数据信用信息转化为信贷评级的依据，解决交易过程中信息不对称问题，既能为小额贷款公司、互联网金融平台等金融机构提供一个有力的风险抓手，又能为在央行征信系统信贷数据缺失或信用记录不好、资质较差的客户提供了一个获取信用服务的机会。

随着我国经济的转型和升级，中小企业在我国的地位日益凸显，对我国经济结构的调整及社会技术的进步都起着关键作用，"大众创业、万众创新"已成为我国经济新常态下的最新发展方向。但中小企业"融资贵、融资难"的问题一直困扰着其自身的政府部门，尤其是中小企业的信贷融资问题，是长久以来亟待解决的关键性问题。中小企业信贷融资问题的核心是银企之间的信息不对称，征信实践正是打破这一困局的有效突破口。"互联网+大数据"的发展为我们带来了大数据征信，将大数据技术和理念

---

① 《中国互联网发展状况统计报告》。

与传统征信实践相融合，为解决缺乏有效财务信息的中小企业与授信机构之间的信息不对称问题提供了新途径。2013 年 8 月 8 日，国务院办公厅下发了《关于金融支持小微企业发展的实施意见》，要求整合人才及技术、生产经营、注册登记等方面的信息资源，破解"缺信用""缺信息"难题，强化对中小企业的增信服务和信息服务。这也是大数据征信理念第一次被纳入我国解决中小企业"融资难"的政策中。作为全国征信体系建设的倡导者与施行者，2014 年，人民银行下发了《中国人民银行关于加快小微企业和农村信用体系建设的意见》①，进一步明确了大数据征信对于解决中小企业信贷"融资难"问题的重要意义。

那么，大数据征信对个人及中小企业信贷到底有着怎样的影响？大数据征信通过何种机制及途径影响个人及中小企业信贷？我们应如何趋利避害，在我国个人及中小企业信贷领域发展大数据征信？针对这些问题，本书将从个人信贷和中小企业信贷融资两方面进行大数据征信对信贷的影响研究，并做出相关的理论推导与实证检验，阐明大数据征信促进信贷可获得性的作用机理与影响路径，为大数据征信对信贷的影响提供理论依据与实证经验。

二、研究意义

目前，互联网技术的快速发展，推动社会进入了大数据时代。而作为传统征信的重要补充，从实践角度看，大数据征信的主要应用群体为传统征信无法有效覆盖、缺乏有效信贷历史记录的个人或财务信息不透明的中小企业；大数据征信的主要应用业务为无抵质押品、小额而分散的信用贷款。

中小企业是我国国民经济的重要组成部分。2018 年国务院促进中小企业发展工作领导小组第一次会议指出，要充分认识促进中小企业发展的重

---

① http://www.gov.cn/zhengce/2016/-05/24/content_5076159.htm.

要性。目前，我国中小企业具有"五六七八九"的典型特征，贡献了50%以上的税收，60%以上的GDP，70%以上的技术创新，80%以上的城镇劳动就业，90%以上的企业数量，是国民经济和社会发展的生力军，是建设现代化经济体系、推动经济实现高质量发展的重要基础，是扩大就业、改善民生的重要支撑，是企业家精神的重要发源地。① 但现阶段我国中小企业的发展状况并不乐观，尽管其自身也在不断完善进步，可"融资难""融资贵"的问题仍未得到解决，这一问题也是其遇到的最主要的问题之一。中小企业"融资难"的很大一部分原因是，中小企业的信用评估模式缓解信息不对称的程度较弱，使得银行等信贷金融机构在为中小企提供信贷融资时，要么难以评估信用水平；要么评估成本过高，收益难以覆盖成本；要么收益回报相对于大企业来说较低，从而为中小企业提供信贷融资的意愿不高，即便提供了服务，需要中小企业付出的成本也较高。其次，对于个人（或家庭）来说，提高消费信贷是促进消费的有效途径，也是释放国内的消费潜力，增强内需对经济的拉动力。而个人的消费信贷一样面临中小企业的困境——只依赖历史信贷记录难以评估传统征信无法覆盖到的个人信用水平，个人的纯信用贷款没有抵押品、担保品。大数据征信为个人的信用评估提供了更高效的评估模式，促进了个人消费信贷业务的发展。因此，研究大数据征信对个人及中小企业信贷的影响具有一定的现实意义，可以通过建立完善的大数据征信体系，为中小企业和个人的信贷提供征信基础。

大数据、大数据征信属于一个新兴的研究领域，还在探索阶段，与其直接相关的文献较少，且相关研究缺乏系统性和深度，已有研究多停留在单纯的现象描述层面，只是探讨了大数据时代征信业面临的机遇和挑战，缺乏大数据征信影响个人和企业信贷的理论分析以及实证支撑。首先，本书依照金融稳定理事会对金融科技的定义给出比较系统、全面的大数据征信定义，认为大数据征信是由大数据技术驱动的在征信领域的创新；其

---

① http：//www. gov. cn/guowuyuan/2018-08/20/content_ 5315204. htm.

次，在对大数据征信有正确认知的基础上，从信息不对称理论、交易费用理论及声誉理论角度出发，构建了大数据征信影响信贷的作用机理，用征信领域的基础理论解释了大数据征信这一新兴事物是如何影响信贷的。具体来说，大数据征信与传统征信的目的并无不同，还是为了评价个人及企业的信用水平，只是采用了大数据的新兴技术，能更好地缓解信息不对称、减少交易费用、构建信贷主体的声誉约束，从而能促进信贷；最后，在信贷的两个不同主体中，分别构建了大数据征信影响个人信贷和中小企业信贷的理论证明及实证检验，为大数据征信的研究提供了理论及实证经验借鉴。因此，本书也具有一定的理论意义。

第二节　相关概念界定

一、征信范畴界定

《辞海》经济卷中对征信一词的解释是：以了解企业资信和消费者个人信用为目的的调查和分析活动，包括对一些与被调查对象有关的数据进行采集、核实和依法传播的操作全过程。国务院 2013 年发布的《征信管理条例》中指出，征信是依法收集、整理、保存、加工自然人、法人及其他组织的信用信息，并对外提供信用评估、信用报告、信用信息咨询等服务，帮助客户判断、控制信用风险，进行信用管理的活动。中国人民银行《中国征信业发展报告（2003—2013）》中对征信的界定是，信用中介机构依法搜集、整理、存储并加工经济主体的信用信息，并提供信用评级、征信报告以及信用信息咨询等服务，协助其客户判别和控制信用风险，提高信用风险管理效率的经济活动。

对于征信的定义，很多研究中也有涉及。吴晶妹（2011）指出"征信是指对信用主体（市场参与者）的信用或资信状况进行调查、报告的中介服务活动，主要作用是消除或降低信用交易双方的信息不对称"。万存知（2009）指出，"从内涵上看，征信是指为防范信用风险而由第三方提供的信用信息服务；从外延上看，表现为第三方通过采集、整理、保存有关法人和自然人的信用信息，即身份信息和全面的负债历史信息，利用信用等级报告、信用评分报告、信用调查报告、信用管理咨询报告、信用评级报告等方式，向放贷机构和其他有关各方提供信息的服务"。征信作为名词，它是一系列特定的调查技术操作的统称；作为动词，常指征信活动，强调进行资信或信用调查的行为与过程[①]。征信活动的产生源于信用交易的产生和发展；征信最重要的目的在于防范非即付经济交往中受到的损失，为此需要采集在经济交往中最能显示一个人按期履约能力和意愿的履约历史记录，以此来判断信用状况（林钧跃，2005）。

英语文献中的"credit investigation""credit checking""credit reporting""credit inquiry/enquiry"，通常就是汉语中的"征信"，最为常见的是"credit reporting"，在英美相关法律文件和世界银行及一些研究机构的参考文献中用到的也是这个词。世界银行2011年出版的《征信行业的基本准则》（*General Principles for Credit Reporting*）中将征信定义为通过提供信用信息产品解决交易双方信息不对称问题的信用信息服务活动。

以上国内外权威书籍、法律文件及学术研究对征信的定义都强调了征信的信用信息服务功能。综其所述，笔者认为征信的本质是一种信用信息分享机制，主要目的是为专业化的授信机构提供一个信用信息共享平台，以降低或消除信用交易双方的信息不对称。

根据收集和处理的信息主体、信息处理方式和业务流程、所有权或经营者性质的不同，征信有多种分类。按照信息主体不同，征信可以分为个人征信和企业征信；根据信息处理方式和业务流程不同，征信可以分为信用等级、信用调查和信用评级；按照经营者性质不同，征信可以分为公共

---

① 叶谦，常胜. 征信理论与实务［M］. 北京：高等教育出版社，2015.

征信和私营征信。此外，按照征信内容的不同，征信可以分为狭义征信和广义征信①。

本书对"征信"的研究是基于广义征信的含义，在个人、企业全程信用信息管理过程中，提供的所有对个人、企业信用风险进行防范、控制和转移的技术方法及一些数据服务②（包括大数据交易服务平台）和金融信息服务机构所提供的征信业务，都是本书的研究对象。

二、大数据征信

界定大数据征信之前不得不提到与之相关的"征信大数据""互联网征信""互联网金融征信"等纷繁复杂的说法。由于在不同背景下研究侧重点的不同，说法各有所异。

"征信大数据"一般出现在研究西方征信业近几年的革新与变化的文章中（刘新海，2015；谢平，2015）。由于西方国家征信体系已然比较完善，对于信用信息的采集与共享、数据的分析与处理、征信产品的开发和普及与其经济、金融乃至社会的发展及需求基本相符，其征信业的大数据革新是在传统征信业的基础上进行的，所以研究西方征信的学者一般会说"征信大数据"，也就是征信的大数据化。相对来说，这是一个自然演化、保守的过程，例如美国的三大征信局：Equifax、Experian 和 Trans Union，在 20 世纪后期通过兼并收购不同信贷机构个人消费者的信贷信息，逐步形

---

① 狭义的征信，即传统意义上的征信，是指对于企业信用状况和个人信用状况相关信息进行采集、核实、整理、保存、加工并对外提供信息服务的活动，包括信用信息登记、信用评级以及个人或企业信用调查等。在实践中，狭义的征信表现为为信用活动提供信息支持的过程，一般由专业的第三方征信机构依法搜集、整理、保存、加工自然人、法人及其他组织的信用信息，并对外提供信用报告、信用咨询等服务，帮助客户判断、控制风险，为信用管理提供服务的活动。广义的征信则在狭义征信的基础上加上信用管理服务，即传统的企业资信调查、个人信用调查和信用管理等服务，具体包括评分模型开发、信用管理咨询、信用担保、商账追收、信用保险等（叶谦，2015）。

② 数据服务核心业务是数据分析，而数据分析过程的主要活动由识别信息需求、收集数据、分析数据、评价并改进数据分析的有效性组成。

成了消费者的全局信息，21 世纪初，伴随着计算机技术的进步与发展，这三大征信机构目前基本已将大数据技术融入了传统征信实践中，实现了征信的大数据化。

"互联网征信""互联网金融征信"等提法大多出现在，研究作为传统征信业补充与替代者的金融科技公司或互联网金融公司涉足征信业的领域中。例如，中国的芝麻信用、美国的 ZestFinanc、德国的 Kreditech 等。这类征信模式在新兴经济体国家中尤为盛行。例如，在我国，征信体系建设还处于起步阶段，完善程度与西方相比还有很大差距。作为金融基础设施，我国传统征信体系的发展与我国经济、金融、社会各领域的发展严重不匹配。有学者指出，我国互联网金融在 2013~2015 年乱象频出的一大原因就是，与其相匹配的传统征信体系的落后。征信覆盖范围窄、信用信息割裂不流通、征信机制不完善等一系列原因，导致我国的大数据征信作为传统征信的替代、补充者而出现。所以，我国的大数据征信发展相对激进，革新的意义更强，从传统征信没有覆盖到的人群和领域着手，最初的目的主要是为了服务于互联网信贷的发展。通过近几年的改革与发展，我国大数据征信也逐步朝银行业等传统金融机构渗透，在个人信用评估、中小企业融资等领域有了不俗表现①。

笔者认为以上两种情况并不矛盾，无论是传统征信的大数据化还是起始于服务互联网金融的"互联网征信"，其本质都是传统征信实践在大数据现象、大数据理念、大数据技术影响下的发展与变革，属于金融创新的一种。

参照金融稳定理事会对金融科技的界定，本书认为大数据征信属于一

---

① 2013 年，个人信贷余额占中国整体信贷余额的 20%，到了 2016 年，这一比例上升到了 23.9%，个人信贷余额也一举突破了 30 万亿元。作为被压抑多年的个人信贷需求有所释放，一方面，互联网金融能够提供的资金体量有限，所以势必有大量互金平台与传统金融合作，变相促进了中国个人信贷余额的增长；另一方面，感受到互联网金融的压力后，传统金融体系也加大了对个人业务的投入和创新，尽管进展缓慢，但体系庞大，促进效果还是比较明显的。未来个人金融业务的强大，是改善中国羸弱的金融根基的重要任务，一方面能够满足国内不断扩大的中产群体科学资产配置的需求，另一方面也能提高传统金融的风控精度。

种由技术驱动的金融创新，具体来讲，将其定义为由大数据技术驱动的征信实践的创新。大数据技术与传统征信实践相结合，促使征信的数据来源、数据内容、数据结构、数据处理方式、数据分析方法等发生变化，拓宽了信用信息的应用领域，对征信服务的供给产生重要影响。

为了研究方便，本书将我国现有的依靠传统技术、方法、手段，以个人和企业的历史信贷数据及财务信息为主要评估依据的征信实践称之为传统征信；国内外新兴的，在传统征信技术、方法、手段的基础上运用了大数据技术和理念的征信实践称之为大数据征信，例如，美国的环联、Zest-Finance，德国的 Kreditech，中国的芝麻信用、中诚信、金电联行等机构所进行的大数据征信实践。

表 1-1　大数据征信体系与我国传统征信体系的对比

	央行征信体系	大数据征信体系
主要服务群体	有完善信贷记录的个人；财务信息透明的企业	央行征信体系服务群体；无或信贷记录不完善的个人；财务信息不健全的中小企业
数据结构	结构化信息	结构化信息；半结构化信息；非结构化信息
数据类型	信贷数据	信贷数据；交易数据、社交数据、支付数据、生产经营数据、理财数据等
数据分析技术	信用评分卡、线性回归等	线性回归；神经网络、数据挖掘等机器学习技术
数据来源	银行的信贷数据为主，政府部门、工商企业数据为辅	银行信贷、政府部门、工商企业数据；第三方合作伙伴提供的数据；互联网上的公开数据；个人申报时授权的数据
数据维度	10~20维	多达几千到几万维
应用场景	贷款审批、信用卡审批等金融领域业务	传统征信覆盖的金融领域业务；定向营销、签证办理、出行住宿、房屋租赁等场景

资料来源：根据网上资料自行整理而得。

三、个人及中小企业信贷

狭义的信贷是指金融机构为企业和居民提供的贷款。由于本书是要研究大数据征信对信贷的影响，而有些信贷目前还没有用大数据征信的方法来进行信用评估，所以，本书对信贷的界定以是否有大数据征信应用为标准来进行。大数据征信目前主要应用于期限短、数额较小且无抵押和担保的信用信贷。

在个人信贷领域，依据该标准，本书所研究的个人信贷概念与消费信贷概念类似（因为在实际统计中，通常以贷款的用途进行划分），只是个人消费的信贷基本是期限短、数额较小且没有抵押和担保的信用信贷，消费信贷更多的是以贷款的用途进行划分的。在美国的统计分类中[①]，将消费信贷定义为消费者从正常的商业渠道获取的，用于消费的中、短期贷款。在西方的统计分类中，向个人及家庭发放的消费信贷，更接近于广义的消费信贷概念，是指排除住房抵押贷款和个人抵押贷款等的全部贷款。因为住房抵押贷款的期限长、数额大，与中短期的消费信贷的市场需求等都具有明显的异质性。所以，在西方的研究中，消费信贷和住房抵押贷款是作为两种独立的贷款类别进行研究的。在我国，对于信贷的统计主要有中国人民银行和国家统计局两个统计口径，均把住房抵押贷款包含在消费信贷中，这属于广义的消费信贷。广义的消费信贷是指金融机构为消费者提供的以消费为目的的信贷产品和服务，具体包括住房抵押贷款、汽车消费贷款、耐用消费品贷款及其他一般用途的个人消费信贷；狭义的消费信贷是指不包括住房抵押贷款和汽车消费贷款的消费信贷。

因此，本书依据大数据征信在个人信贷领域的应用来界定个人信贷的概念，在统计上来说，就是消费信贷。由于个人住房按揭贷款、汽车消费贷款存在抵押品而不太依赖大数据征信进行信用评估。

在企业信贷领域，大数据征信主要应用于中小企业，主要是因为中小企业相对于大企业来说，财务、信息等不健全，传统征信尚无法有效覆盖。各国对中小企业划分标准不尽相同，但也存在一定的规律，通常来

---

① 来自美国联邦储备委员会。

说，中小企业是一个相对概念，是相对于大企业来说的。在日本、韩国等国家，企业被划分为大企业、中型企业及小型企业，中小企业自然是后两者；在美国，没有中型企业的划分，只有大企业和小企业，中小企业就是后者；在英国和欧盟地区，企业的划分更为细致，分为大、中、小及微型企业；在我国，由工业和信息化部牵头发布了中小企的划分标准，从经营规模、总资产等指标进行量化，将我国的企业分为大型、中型、小型及微型四类。在本书的研究中，我们更为注重大数据征信的影响，在数据上，微型企业较难获得。因此，本书从数据可得的角度考虑，中小企业只包含了中型和小型两类。与个人信贷的目的不同，企业信贷的目的是生产经营。企业的信贷融资分为内部融资和外部融资两种方式，前者主要是指企业从家庭内部获得融资，这样可以减少信息不对称，借款者主要是依据长久建立的关系进行信用评价的，并不需要大数据征信的应用；后者是指企业从外部金融机构（主要是银行）借贷，并在约定时间内还本付息的融资方式，由于中小企业与金融机构之间没有熟识的人际关系、中小企业的财务等传统征信需要的信息不完善、中小企业的抵押品不足，大数据征信具有不仅依赖结构化数据，还依赖行为数据的特点。因此，本书对中小企业信贷融资的界定是指通过外部融资的方式获得信贷融资。

第三节　研究内容与研究方法

一、研究内容

在评述相关研究结果及实践发展的基础上发现，大数据征信对传统征信不能有效覆盖、缺乏信贷历史记录的个人和财务信息不透明的中小企业的信贷存在明显影响。但诸多研究只是对这种影响进行了描述性分析，缺乏从理论和实证角度的研究与证明。本书将从个人信贷和中小企业信贷融资两方面展开大数据征信对信贷影响的研究，并进行相关的理论推导与实证检验，阐明大数据征信促进信贷可获得性的作用机理与影响机制，从而为大数据征信对信贷的影响提供相关理论依据与实证经验。一方面，由于个人和中小企业的信贷在无需抵押品和担保品、财务信息难以获得或是真实性不够方面存在相似性，本书对大数据征信对信贷的影响的研究将同时包含这两方面；另一方面，由于在大数据所应用于的期限短、额度小、无需抵押品和担保品的信贷中，个人和中小企业是两个不同的主体，其借款的目的不同、市场的需求不同、数据的体现也不同，存在非常明显的差异性，本书在模型构建及实证检验部分将从个人和中小企业两个视角分别研究大数据征信对信贷的影响。

基于本书研究目的，笔者将从两个视角，分七章对大数据征信对信贷的影响进行研究（见图 1-1），主要研究内容如下：

第一章为绪论。本章首先从大数据征信的产生现实背景着手，结合当下市场及政府对个人及中小企业信贷发展的重视程度引出研究大数据征信对个人及中小企业信贷的影响的现实意义及理论意义。其次根据本书需要，从学术界、业界的相关认识出发界定"征信""大数据征信"的内涵，及本书所研究的个人及中小企业信贷的内涵，并在此基础上构建本书的研究内容、研究方法和章节框架。最后对本书的创新点及不足之处进行阐述。

第二章为相关理论与文献综述。本章采取循序渐进的模式，首先，对征信的相关理论进行了回顾。在此基础上，梳理只与大数据征信相关的理论，如大数据理论与复杂性理论。这是因为，大数据征信并没有改变征信的本质，所以，征信的理论基础也是大数据征信的理论基础。但在此基础上，大数据征信也有一定的创新，大数据理论与复杂性理论正是大数据征信创新与传统征信的理论基础。其次，从大数据征信、信贷以及大数据征信对信贷的影响三个层次对相关文献进行整合与梳理，从现有研究方面构建本书的理论研究基础。在综述相关研究结果的基础上，笔者发现目前大数据征信的发展对个人信贷及中小企业融资具有重要影响，但国内外现有研究只是对这种影响进行了描述性分析，缺乏从理论和实证角度的研究与证明。

第三章为大数据征信发展概况及对信贷的影响效应。本章从实践方面分析大数据征信的产生、应用现状和对信贷的影响效应。从征信实践的发展历史与特征及大数据征信在个人及中小企业信贷领域的应用现状来看，大数据征信的产生与兴起是具有历史必然性的，因为大数据征信迎合了当下经济及监管的大环境，符合社会时代的改变，顺应了科技创新的潮流。从实践角度看，大数据征信的主要应用群体为传统征信无法有效覆盖、缺乏有效信贷历史记录的个人或财务信息不透明的中小企业；大数据征信的主要应用业务为无抵质押品的、小额而分散的信用贷款。除此之外，本章还分析了大数据征信对信贷的影响效应：在个人信贷领域，笔者以国泰安数据库中 2008~2017 年我国信用卡相关数据为例，说明大数据征信对信用卡规模、信用卡贷款成本以及信用卡贷款质量的影响；在中小企业信贷领域，笔者以万德数据库中 2009~2017 年我国中小企业信贷的相关数据说明了大数据征信对中小企业信贷规模及中小企业信贷质量的影响。因此，本章从现实角度展示了所研究问题的现状。

第四章为大数据征信影响信贷的作用机理及现实路径。首先，本章从信息不对称、交易费用及声誉理论三个视角出发，分析大数据征信影响个人及中小企业信贷的作用机理，利用征信的传统理论揭示大数据征信影响信贷的理论机制：基于信息不对称的视角，大数据征信一方面以全方位数据更精确地测度信用水平以缓解交易前的信息不对称，另一方面通过模型的预测能力实时监控信用水平的变化以缓解交易后的信息不对称；基于交易费用的视角，以大数据征信技术构建独立的第三方征信机构，可以有效降低借贷双方的事前、事后的交易费用；基于声誉理论的视角，大数据征信的实时监测动态评估以及多元场景的联通，提高了信贷市场上的声誉价值，使得个人及中小企业为了维持较好的声誉从而更好地获得贷款而约束自身的行为。其次，本章从实践角度出发，从大数据征信的数据采集与模型分析两个阶段分析了大数据征信影响信贷的现实路径：大数据采集技术大大丰富了信用信息的内容和维度，大数据分析模型的使用使得借款人信用风险的评判效率大大提升。因此，本章为之后具体研究大数据征信对个人信贷及中小企业信贷融资的影响提供了理论与实践基础。

第五章为大数据征信对个人信贷的影响研究。本章主要讨论了大数据征信对个人信贷的影响，从信贷配给理论出发，分析有大数据征信引入时的信贷均衡情形，得到大数据征信有利于降低个人信贷成本及提高个人信贷可获得性的结论。基于理论分析，以信用卡贷款为例，进一步基于计量模型对大数据征信影响个人信贷的机制进行了实证检验，检验结果证明：征信的发展对于银行信用卡业务的发展有明显的促进作用；相较于传统征信来说，大数据征信促进信用卡贷款的作用更明显，有效性更显著；大数据征信的广度和深度对信用卡贷款的影响略有差异，征信覆盖的广度显著地促进了银行的信用卡业务，有利于增加信用卡贷款的规模、降低信用卡贷款的成本、提升信用卡贷款的质量、降低信用卡贷款的不良率。征信的深度对信用卡贷款的促进作用主要体现在促进信用卡贷款质量的提升上，对信用卡贷款规模和成本的影响并不显著。

第六章为大数据征信对中小企业信贷的影响研究。本章包含大数据征信对中小企业信贷影响的模型构建和实证检验两部分，分别从理论角度和实证角度检验大数据征信对中小企业信贷的影响。本章的理论与实证都肯定大数据征信对中小企业信贷融资的促进作用。理论证明部分提出大数据征信能够促进中小企业信贷融资的原因是降低了获取中小企业软信息的成本，进一步得知，即便大数据征信带来的"软信息"成本下降不如"硬信息"成本下降带来的效果显著，但其"软信息"下降一定会促进中小企业的信贷融资；实证部分对理论进行了实际的验证，采用中小企业的数据，证实大数据征信推动了征信体系的发展，从而改善了中小企业的信贷融资环境。

第七章为结论与政策建议。本章在总结全书结论的基础上，提出我国应大力发展大数据征信、健全相关法律法规及信息标准、充分发挥大数据征信助力普惠金融的作用，以及健全大数据、大数据征信相关人才培养体系的政策建议，并对未来的相关研究进行了展望。

图 1-1 本书研究框架

二、主要研究方法

本书将定性分析与定量分析相结合，主要运用模型构建及实证研究等科学研究方法。

首先，本书从理论分析的角度出发，梳理并归纳国内外具有代表性和现实意义的文献。在现阶段研究的基础上用归纳和演绎的方法，论述关于征信、大数据征信、信贷、大数据征信对信贷的影响的相关理论与文献，从中分析大数据征信影响个人及中小企业信贷的路径，构建理论的影响机制、模型构建证明，并据此提出本书在实证方面的研究思路。

其次，在研究大数据征信的发展概况及实践中对信贷的影响效应时，本书采用定性分析与定量分析相结合的方法，在定性分析征信实践发展概况、趋势及在信贷领域的应用现状的同时，通过国泰安及万德数据库中的数据定性分析大数据征信对我国信贷发展的影响效应，从实践角度，展示了所研究问题的现实现象，即大数据征信推动了信贷的发展与进步。

最后，在研究大数据征信对个人及中小企业信贷的影响时，主要运用模型构建与实证研究相结合的方法。模型构建方面，通过构建假设、变量、模型，对大数据征信如何影响信贷的路径进行分析，为大数据征信促进信贷提供了理论证明；在实证研究层面，本书采取面板回归分析法，采用二维面板固定效应模型研究大数据征信对信贷的影响，有效克服了时间序列分析受多重共线性困扰的问题，为大数据征信对个人及中小企业信贷的影响提供更多信息、更多变化、更少共线性、更多自由度及更高的估计有效性。

第四节 可能的贡献与不足

一、本书可能的贡献

本书的研究工作希望能在前人研究的基础上，对大数据征信的相关研究和实践进行拓展，梳理大数据征信相关的理论及实践，从理论及实践两个角度揭示大数据征信影响个人及中小企业信贷的作用机理及影响路径，为我国大数据征信，乃至征信体系的建设提供理论及实践支撑。主要的创新点如下：

研究对象的创新。本书以大数据征信及其对个人以及中小企业信贷的影响为研究对象。首先，拓展了大数据征信研究的不足；其次，将个人在获取信贷时信用难以评估及中小企业信贷"融资难"这两个经济、金融领域中经典的问题置于大数据征信这个具有时代意义的新兴问题下，对之前个人信用评估及中小企业信贷融资的研究具有时代性的拓展和创新；最后，大数据征信下的个人信用评估及中小企业信贷融资问题也是当前业界及政府监管部门着重关注的问题，将这三者作为研究对象，联系起来揭示大数据征信对个人信贷和中小企业信贷融资的影响，无论是对业界还是对相关监管部门都有一定的创新意义。

研究视角的创新。本书以大数据征信对个人及中小企业信贷的影响为切入点，基于信息不对称理论、交易费用理论和声誉理论，揭示大数据征信在提高信用评估准确性方面及缓解中小企业信贷"融资难"方面的重要作用；在研究大数据征信对个人信贷的影响时，本书从贷款规模、贷款质量和贷款成本三个方面，系统地说明了大数据征信促进个人信贷的有效性；在研究大数据征信对中小企业信贷融资的影响时，本书以中小企业从银行获取贷款的可能性为视角，说明大数据征信可以提高中小企业从银行获得贷款的可能性，切实可行，有理有据。

研究方法的创新。已有基于大数据征信的研究多利用理论分析、归纳总结的方法，多停留在单纯的现象描述与问题总结层面，缺乏对大数据征信影响信贷的深入挖掘。本书从理论和实证相结合的角度研究构建大数据征信影响信贷的理论路径与实证检验，为国内大数据征信的相关研究提供一些借鉴和参考。

二、研究的不足之处

尽管本书对大数据征信及其在个人信贷以及中小企业信贷融资领域的影响做了一些努力，但由于客观条件限制及数据资料的约束，本书还存在以下不足之处：

第一，理论体系不够完善。虽然现有诸多学者对大数据征信的实践应用进行了分析与研究，但这些研究缺乏理论与实证层面的探讨。大多数学者只是对大数据技术对信用评估领域的影响进行现象描述与总结，很少有人对大数据征信对信贷的影响进行相关研究。因此，在研究还处于初期的情况下，本书也只是从传统征信的理论与研究中构建大数据征信对信贷影响的作用机制，存在不完善的地方。

第二，数据方面。在研究大数据征信对个人信贷的影响时，由于互联网信贷数据的不可得，本书以银行信用卡数据为例，在做大数据征信对中小企业信贷融资的影响时，本书考量到微型企业和未上市的中小企业等的数据不可获得，所以采用了我国中小板的上市企业数据为例，所得结果可能并不能全面反映现实中个人信贷及中小企业信贷的状况。

第三，在检验大数据征信对中小企业信贷融资的影响时，因为大数据征信的实证研究还处在初期，对指标的选取与构建还未开始，本书只是初次实践，在大数据征信的指标的选取上稍有牵强，可能会存在诸多未考虑到的问题。

相关理论及文献综述

第一节 征信相关理论

一、信息不对称理论

信息不对称理论被认为是征信研究的逻辑起点，经济学中所有和信息不对称相关的研究都暗含着征信机制的重要性（叶谦，2015）。Akerlof（1970）最早以二手车市场为例，认为买卖两者之间的信息是不对称的，卖家比买家拥有更多信息。因此，买家为了避免信息不对称带来的损失就会一味地压低价格，长此以往，越来越少的卖家愿意提供高品质的二手车，同时，也会有越来越多低品质的二手车充斥市场，即高品质二手车被低品质二手车驱逐出市场，最终导致市场的整体萎缩。这种交易双方信息不对等的情况在货币市场上同样存在，政府或者私人机构的介入可以有效改善这种信息不对称的现象。Akerlof（1970）的研究实际上也揭示了建立征信机构的必要性。

与 Akerlof（1970）的观点一脉相承，Stiglitz 和 Weiss（1981）对信贷市场中的信息不对称问题也做了相关的研究，他们的观点指出：信息不对称现象同样存在于信贷市场，因为相对银行来说，借款人对项目的风险收益水平以及资金使用情况更为了解，具有一定的信息优势。这种信息不对称会直接导致逆向选择及道德风险的发生，并引发逆向效应和刺激效应。逆向效应是指，由于银行在信息上处于劣势，缺乏评判借款者风险状况的充足信息，因此在信贷交易发生前，银行往往会增加一定的风险补偿金，其实质是使得实际利率相对于基准理论而言上浮，那些风险较小的客户会因此放弃贷款，愿意接受贷款的往往只有那些风险较大的客户；当风险较高的借款者获得贷款后，为了获得更高的收益以补偿高利率所带来的高成本，又会追逐风险更高的项目，这必将提高银行的风险损失，产生刺激效应，也就是道德风险效应。贷款利率的上升会增加信贷资产的风险，商业银行往往需要借助于非价格手段，进一步进行更为有效的资金配置。例如，当市场中的信贷需求大于信贷供给时，银行会采用较低的利率，鼓励那些信用等级高的借款者以较低的利率进行借贷，限制那些风险水平较高的信贷客户的借贷行为，商业银行的利润最大化目的得以实现，其资金配置效率也可以得到有效提升。而当信贷市场上供给大于需求时，银行等金融机构就会实行信贷配给策略，表现为：①在对借款者的信用状况了解的基础上，部分银行客户会被拒绝放贷，另一部分客户则会取得贷款，即使前者有意愿支付更高的利息，仍然无法获得信贷支持；②借款人的借贷要求只有部分可以得到满足。因此，Stiglitz 和 Weiss（1981）的信贷配给理论实际上也表明了建立征信机制的必要性。

Diamond（1991）指出，选择向银行申请贷款的借款人一般情况下属于中等信用级别的顾客，他们通常无法依靠声誉效应进行直接融资，因此，这样的借款人相较来说具有较高的道德风险，银行需要对这样的借款者进行一定程度上的监督。但是，监督是有成本的，抑制道德风险与控制监督成本很难同时兼顾。因此有必要建立一种稳定的机制来全面获取、积累借款人的信用信息，这对于监督、预测借款人的行为具有重要意义。Diamond（1991）的研究，从监督成本角度暗示了征信机构的重要性。

因此，征信机制的建立是解决信贷市场中信息不对称问题的最优方案。Thakor（1985）和 Millon（1985）从资本市场的角度研究了道德风险背景下征信机构产生的机制。Klein（1992）则通过博弈论模型证明，建立征信机构是信贷市场均衡的必要条件。Vercammen（1994）基于保护个人声誉收益的视角指出，银行从征信机构获得个人信用信息是一种效率最高的选择。银行可以以两种形式掌握借款者的更多信息：一种是银行独自垄断借款者信息而不和其他借款机构共享；另一种是采取贷款机构间共享的策略。对于第一种情况，Marquez 和 DellAriccia（2004）通过模型证明，当信息不对称问题加重时，银行会以较高的利率补偿较高的信贷风险，这就会导致信贷质量的下降；为了在信贷市场的竞争中具有优势，银行会倾向于控制信贷的规模和流动性，造成流动性因禁。

综上所述，征信体系的建立和完善，可以使更多个人和企业的信用信息变为公共的信息，较大地改善授信和受信双方的信息不对称程度，解决逆向选择问题；征信可以将市场参与者的信用交易记录联系起来，这些信息通过信息平台，可以被重复和多次使用，这样的过程连接了信用交易双方的博弈行为，主动减少了机会主义行为，交易双方自律性提高，道德风险从而得以解决；征信还可以使得整个社会资源配置得到优化，社会福利增加，帕累托改进得以实现。

二、交易费用理论

Ronald（1937）最先提出交易费用理论，其研究基于比较制度分析的相关研究，核心逻辑是将经济交易活动划分为分析单位，以降低交易费用为研究出发点，识别和分析不同类型分析单位的影响因素，阐述何种制度和组织可以匹配该种影响因素。他的研究进一步表明，为获取相对全面而完整的信息，交易费用不可避免，但经济主体可以通过资源整合，建立稳定的层次结构，或构建一般类型的企业组织，降低投入成本。其实 Ronald 论述的稳定的层次结构或组织关系就是制度——包含各类合同、各种政策、管理规范等，从 Ronald 的观点不难发现，降低成本的一个有效途径，就是借助于合同、政策、规范等制度体系。

交易费用的内涵较为广泛，美国经济学家 Williamson（1975）将交易费用的内涵大致划分为合同费用、谈判费用、监控费用、违约处置费用等方面。Williamson 于 1985 年进一步提出，可以用事前和事后交易费用来区分其不同阶段。与其研究类似的，张五常（1999）也提出，事前（交易前）如果付出了较大的交易费用，那么事后交易费用的付出将会大大降低，张五常进一步指出，交易费用的变化也侧面表现了产权制度的合理性。

笔者将交易费用理论作为研究征信实践的理论基础正是因为征信实践中包含大量交易行为，而交易活动的存在必然会产生交易成本。具体来讲，征信机构在信用信息的搜寻及信息提供者的选取上所花费的成本，构成信息成本；信息提供者信用需求者在和征信机构交易过程中所产生的决策成本及优化决策的成本，构成决策成本。

笔者将交易费用理论作为研究征信实践的理论基础，是因为征信活动基于交易行为，交易行为势必产生交易费用和交易成本。具体而言，首先，征信机构在征集信用信息的过程中，需要付出成本，即信息成本；其次，征信信息的提供者和使用者与征信机构之间会产生决策成本及决策优化成本，他们的议价过程也会产生议价成本；最后，在征信活动中，征信机构需要对信用信息的使用范围、使用有效期限等进行监督，也需要对信用信息进行及时更新，这些都会产生监督成本。

综上所述，征信活动本身及与征信活动紧密相连的信贷交易、商品交易等过程，无可避免会牵涉交易费用问题，交易费用理论的相关研究成果，能够为征信理论研究提供必要的理论支持。

三、声誉理论

起始于 20 世纪 70 年代的声誉理论在近几年受到了人们的普遍关注，随着其模型与研究方法的日益成熟，声誉理论也被应用于政治学、社会学等领域的相关研究中，使其成为社会科学研究中的一种有效分析方法。

美国著名经济学家 Eugene F. Fama 是最早在经济学领域研究声誉的学者，他提出的"经理市场竞争"理论认为，即使企业内部没有激励机制，经理们出于对自身职业前途和外部市场的压力考虑，也会努力工作。这里的外部市场压力就是指经理们的声誉。

随后，西方很多经济学家、管理学家开始对声誉理论及模型进行研究，Kreps（1981）等建立了标准声誉理论模型，该模型证明了即使在有限次数的重复博弈行为中，合作现象也是会发生的；除此之外，该模型还说明了有关"连锁店悖论"的问题。标准声誉理论模型以市场上的信息为假设条件，认为市场中存在两类参与者：一类是优质参与者，例如，高能力的个人或企业，由于这类参与者可以自由选择自己的努力程度，因此他们会发生投机行为；另一类叫作"斯坦克尔伯格"参与者，这类参与者会对自己曾经的承诺或者行为负责，因此他们发生违约风险的概率较低。由标准声誉理论模型可知，尤其是在短期经济交易中，第一类参与者在交易活动中可能会伪装成"斯坦克尔伯格"参与者，从而获得较高的声誉资本，但这会引发经济交易中的道德风险的发生。

Macaulay（1963）的研究指出，市场上经济主体的声誉也是该经济主体的一种资本，即声誉资本。在 Klein 和 Leffier（1981）提出的声誉交易理论中，将长期经济行为划分为若干个单位，每个单位表示个人或企业经济行为的一个经济周期，假设在第 T 个经济周期内，个人或企业出现违约行为，他们的声誉就会遭受损失，那么在第 T+1 个经济周期内该个人或企业的收益就会减少。因此，可以利用第 T+1 个经济周期内因声誉受损而导致的收益的减少来衡量在第 T 个经济周期内因违约所损失的声誉资本。

我们假定每个经济主体都是理性的，而且市场上任何一个个人或企业的长期经济行为都可以看作无限次的博弈，那么在一直持续下去的合作中最终会出现帕累托最优的均衡结果。由于当出现欺骗或违约行为时在下个经济周期内会受到相应的处罚，为了长期利益的积累，市场上每一个参与者都会倾向于为了维护自己良好的声誉资本而努力，从而获得长期收益的积累。因此，声誉资本与个人及企业的金融资本、物质资本一样，也是需要努力维护及逐步积累的。好的声誉可以为企业和个人带来更多收益，这也激励了企业和个人继续努力以维持更好的声誉，如此循环往复，形成了声誉资本的正向效应。

而现实生活中，借款人不一定只同一个金融机构借款，如果借款人每次都与不同金融机构借款，那么在金融机构不了解借款人以前信用状况的情况下，借款人可以把每一次借贷当作第一次合作。在信贷活动中，如果借款人只同一个金融机构发生借贷活动，就会发生"单阶段借款人失信，多阶段借款人守信"的情况。因此，借款人就会如单阶段模型采取失信行为侵占对方利益。为了督促借款人采取守信策略，必须成立第三方征信机构，让金融机构了解借款人之前的信用状况，为其决定是否与借款人进行信用交易提供决策依据。第三方征信机构可以把借款人的每一次信用交易情况记录下来，这样借款人的每一次信用行为就变成了一个连续、长期的过程，借款人以前的信用行为会直接影响并决定其之后的信用交易：之前积累的良好的声誉资本将在之后的信用活动中得到收益；相反，之前不良的信用记录会减少其在之后的信用活动中的收益，甚至阻碍之后的信用活动的发生。这也正是征信机制诞生的一个原因，有了征信机制的约束和激励，借款人通过维护自己的声誉资本，享受到了更好的信贷服务；金融机构可以通过第三方征信机构了解借款人的信用状况从而给予借款人更适合的信贷条件。

第二节 大数据征信相关理论

一、大数据理论

维基百科把大数据定义为利用先进软件工具捕获、管理和处理数据所耗时间超过可容忍时间的数据集。麦肯锡（2011）将大数据定义为：这样的新的数据集合，借助于传统的数据库和数据分析工具，在一定期间内无法对其数据和内容进行获取、分析、处理的数据集合[①]。国际数据中心（IDC）是大数据及其应用研究的先驱，其在报告中对大数据进行了定义，指出大数据不仅包括技术方面，还包括应用体系方面，它代表着能够从多样化和海量异构的数据中，迅速发现、分析和挖掘数据的价值。

以上三种定义侧重于对大数据特点的强调，在美国"大数据之父"舍恩伯格（2013）的定义中，更强调大数据在数据处理方法方面的革新，提出大数据是指不采用随机分析法（抽样调查）这样的捷径，而对所有数据进行分析处理的一种方法[②]，他进一步指出，大数据运用全新的数据处理方法和技术，基于对海量数据的分析过程，可以获得更高价值的创新产品和服务、提供更具价值的商业服务，同时，进行更深刻的商业洞察和挖掘，这是信息技术给人们带来的一种全新的数据分析和处理的能力。

综上可知，大数据的核心是：海量、多源、跨域、关联和异构，除此之外，基于大数据而产生的全新的商业模式、决策、行为、理念，甚至生活方式，都应该归属于大数据的范畴，大数据旨在挖掘隐藏在这些数据背后的全新的、巨大的商业价值。通过对已有研究的梳理，本书将大数据的内涵扩展为以下四方面：

1. 大数据现象

大数据现象是指人类进入信息时代以来积累了体量庞大的数据集的这一现象。2003 年 IBM 公司最早用三个 V 来定义这一现象：海量（Volume）、快速（Velocity）和多样性（Variety）；2005 年 SAS 软件公司增加三个额外维度：变化性（Variability）、复杂性（Complexity）以及价值性

---

① 出自于麦肯锡报告——*Big data：The Next Frontier for Innovation，Competition，and Productivity*。

② 出自于牛津大学互联网研究所舍恩伯格教授的著作——*Big Data：A Revolution That Will Transform How We Live，Work，and Think*。

（Value）（sas. com，2013）①。

海量（Volume）。世界数字化率的大幅增长导致了大量数据和信息在评估个人和企业的信誉上的可用性②。

快速（Velocity）。对于时间敏感性的数据，速度比体量更重要，这些数据需要被快速存储、处理和分析。Nir Kshetri（2015）的研究显示：高速数据的创建增加了低收入人群获得金融服务的机会。例如，阿里巴巴的系统在没有人为干预的情况下做出贷款决定，提高了做出贷款决策的速度。

多样性（Variety）。结构化数据③和非结构化数据④的同时涌现增加了数据的种类。张万军（2015）指出，近年来越来越多的征信机构将结构化和非结构化数据组合起来用于评估信用度以向传统征信无法覆盖的人群提供金融产品⑤。尽管结构化数据的有效性和必要性毋庸置疑，但许多研究（吴晶妹，2014；王银旭，2018；郭光明，2017；等等）也证明非结构化的数据在评估个人信用状况上可以发挥卓越优势。

变化性（Variability）。社交媒体动态、日常生活、季节性以及事件触发等因素都会引起数据流在变化中出现波峰和波谷⑥。

复杂性（Complexity）。复杂性是指数据来源多样化，通过匹配和链接来自多个源头的数据，如社交媒体、电话呼叫细节记录（CDRs）、开放门

---

① 大数据现象最早引起科学界关注是在 20 世纪 60 年的天文学中，新型太空望远镜的使用，使得前一年能观察到的信息量比之前天文学家所观察到的信息总量还要大，极大量的数据让人们注意到了"大数据现象"。

② 我国的互联网公司——阿里巴巴和腾讯——拥有大量例如在线购习惯等展示企业和消费者信誉相关的专有数据（economist. com，2013）。

③ 结构化数据可以以一种指定的格式组织，可以由例如 Oracle 和 Microsoft SQL 这样的数据库管理系统使用。典型的结构化数据包括手机缴费历史、Twitter 账户创建的日期等，这些数据可以在列表中进行排列。

④ 非结构化数据是未格式化的，缺乏预定义的标准结构（例如，不能以行和列的形式组织），例如，电子邮件、社交媒体帖子、图片和视频等。

⑤ 一项由巴西公司开发的技术——Cignifi，可以识别消费者电话语音、短信和数据使用中的数据，这些数据被用来预测消费者的生活方式和信用风险状况（bigdatastartups. com，2013）。

⑥ 2014 年 2 月 7 日，通过微信的打车服务达到了 262 万人次，其中约有 200 万是通过微信支付的。这是由于春节走亲访友后出现了返程高峰（Millward，2014）。

户、政府来源等，大数据公司可以提供借款人的经济和社会状况的整体图景。

价值性（Value）。价值性旨在通过数据交换和分享及分析和整合，发现新知识，为经济主体和社会创造新的价值。因此，它强调的是数据的"可用性""可挖掘性"和"可分析性"。

2. 大数据理念

大数据理念是指基于以上大数据现象产生的分析问题的思维和范式。舍恩伯格（2013）认为，大数据带来的分析问题的思维转变主要有以下三点：首先，在大数据思维下，我们着眼于处理和某个特别现象相关的全体数据，而非对随机样本进行分析；其次，大数据模式不再追求数据的精确性，数据的纷繁复杂是被接受的，也就是重视混杂性而非精确性；最后，与传统研究范式下热衷于寻求事物之间的因果关系不同，大数据从相关关系着手分析事物之间的联系。这些观念与传统计量经济学及统计学的研究范式有很大差别，因此为人们提供了探究规律及统计决策的新思路。陈珊（2017）提出大数据时代的到来不仅意味着数据的收集、分析与处理日益重要，还意味着定量分析与定性分析之间的传统内在关系也发生了深刻变化，为我们带来了"以定量分析为导向的定性分析的新型认识论模式"。因此，大数据并非单纯意味着"大的数据"，更不仅是指通过模型构建的数据输入和分析，它更强调一种将数据资源转化为决策能力，从而提升决策效果的"证—析"技术（Herzenstein M.，2018）。

3. 大数据技术

大数据技术从广义上来讲包括数据的采集、存储、清洗、挖掘、处理与分析等技术，具体来讲包括云计算、分布式处理、数据可视化、语义分析、非关系型数据库技术、计算机认知技术等。根据大数据特点，笔者总结为以下几点：

（1）从数据结构来看，数据采集、存储和管理技术需要包括结构化数据、非结构化数据及半结构化数据的采集、存储和管理。

（2）从数据分析角度看，大数据技术可分为传统和复杂分析处理技术两个方面，其中，传统的分析处理技术包括查询、计算、分析等过程；复杂分析处理技术则包括复杂数据分析、挖掘等方面。

（3）从数据截取和分析方式综合角度看，它包括流式计算技术及批处理技术。

（4）从响应性能角度看，大数据技术包括实时与非实时处理技术，线下计算与线上计算技术[①]。

（5）从体系结构角度看，大数据需要进行大规模和高效的数据存储和计算，因此，其主要采用的硬件和系统应该支持大规模的分布式存储功能，及支持集群化和并行化计算功能。

（6）从数据关联性方面看，大数据技术包括简单关联数据分析技术以及复杂关联数据分析技术。

4. 大数据商业模式

大数据商业模式的发展，可以划分为三个阶段：

第一阶段，企业基于自己的运营系统，及提供的产品和服务搜集海量数据，通过对这些数据的不断分析和挖掘，改进其运营系统、业务流程，及提高自身产品和服务的品质，提升综合竞争力、增加客户忠诚度，进一步搜集更多客户信息和数据。在这个阶段，大数据促进了企业自身的正向循环。第一阶段的典型案例是美国亚马逊集团的大数据商业模式，该集团根据其自身积累的客户的海量数据，研发了一系列算法和模型，对其掌握的海量客户信息和数据进行实时分析，将客户感兴趣的商品第一时间推送给客户，极大限度地提高了网络营销的精准度和客户的忠诚度，并在增加平台销售收入的同时，积累了更多的有针对性、有价值的客户信息和数据，这些大数据又会进一步推动亚马逊平台进一步的收益和成功，这是一种正向促进效应，良性循环。

第二阶段，这个阶段的模式更加强调数据的"外部性"。是指通过利用自身业务系统生成的一些数据来帮助公司或机构开拓新的业务。典型代

---

① 前述的流式计算通常属于实时计算，查询分析类计算通常要求具有高响应性能，而批处理和复杂数据挖掘计算通常属于非实时或线下计算。

表是谷歌集团，这是一家世界知名的搜索引擎服务提供商。谷歌就曾经通过客户的"搜索关键词"，成功预测出美国部分地区流感暴发的范围和新增病例的变化情况，拓展了其集团和平台的业务和服务范围。

第三阶段，这个阶段的大数据商业模式强调对数据的集中及专业细分化运用。这有一个必要前提：社会中的参与主体（包括行业主体、企业主体、政府主体等），在数据价值、数据安全、数据质量、数据权益隐私保护等方面形成共识，保证数据合法、合理运用；在此基础上，形成数据客①及数据运营商②，这样个人和企业就能够通过他们获取自己需要的数据，这些专门经营数据的机构也可以由此获得收益，形成一种合法、可靠的数据交易模式。大数据征信处于大数据商业模式的第三阶段，由于政府、行业、法制等各方面的不完善，目前具体的应用与发展仍在探索阶段。

大数据理论为大数据征信的发展提供了坚实的理论基础：大数据现象是大数据征信创新与传统征信的数据基础，大数据理念是大数据征信发展的核心动力，大数据技术为大数据征信的发展提供重要的技术支持，大数据商业模式为大数据征信未来的发展提供了指引。大数据理论的梳理对于解释大数据征信对传统征信的创新及本书后续部分阐明大数据征信对信贷的影响都具有重要意义。

二、复杂性理论

复杂性理论是大数据征信发展的又一重要理论基础，它以解释和揭示复杂系统的生成、演化和发展规律为主要任务，是一种"学科互涉"的新型科学研究形态。自20世纪80年代兴起以来，它不仅拓宽了科学研究的范围，同时为我们提供了理解自然社会的新理念。如果以马克思实践唯物主义为立场，利用学科互涉的思路系统考察，就会发现：复杂性理论是关

---

①　专门加工粗数据的机构，拥有数据并可产生新的数据。

②　是指专门运营数据的机构。

于方法的知识，具有融贯思维以及学科交叉的研究路径，它为我们带来了一种新的科学研究范式，由此也映射出一种全新的时代思维——"复杂生成论"。

随着复杂性科学的快速发展，复杂理论及其方法已经开始被应用到金融风险的研究中。在金融市场上，信用风险的识别和评估并不是简单的信用违约因素的搜集与加总，而是掺杂了各种信用风险持有者[①]行为因素、心理因素、家庭因素、社会环境、监管政策、宏观经济环境等内生和外生的因素。因此，信用风险与各种风险因子之间并非简单的线性关系，而是在这些来自各方面的因素的复杂作用下生成和发展的（陈庭强，2014）。除此之外，金融市场中的投资者也并不是新古典经济学中所认为的完全理性，行为金融领域的最新研究显示，金融市场中的投资者具有典型的认知缺陷、易感性、遗憾厌恶、风险偏好变动、趋利性、自控缺陷、投资者情绪及学习机制等非完全理性特性，这些心理特性使得风险持有者的预期和决策行为受到严重影响，增加了风险成因的复杂性。因此，在信用风险的研究中必须考虑市场主体行为因素和心理因素的影响。

Donohoe（2013）认为，复杂性理论可以很好地描述金融中的复杂现象，为研究金融市场个体以及个体之间的关系提供新思路。Allen 和 Gale（2013）认为，信用风险的形成是一个复杂因素共同作用的结果，在新古典金融的范式下，对其的判别与衡量略显简单与机械。尤其是在风险的传播过程中，国内外学者（Nier，2010；Degryse and Nguyen，2011；Gai and Kapadia，2012；陈静，1999；邓博文，2016；等等）发现，各种因素对风险的影响是非线性的，风险的传染与扩散具有典型的涌现性、网络联通性及关联性等特点，因此应将复杂性理论引入到对风险的识别与衡量的研究中。Giesecke 和 Weber（2013）通过基于业务合作伙伴的局部交互作用会引起信用风险的传染的假设建立了信用风险传染模型，研究发现，商业合作伙伴是信用风险传染的重要渠道，而且通过债务网络传播的流动性风险

[①] 主要指市场上持有信用风险产品的投资者。

也会引起信用风险的发生。Martin 和 Marrison（2013）将企业之间的关系增加到信用风险的传染模型中，结果显示，如果一个企业被信用事件感染，关联公司间会引起连锁反应，反应的强度与关系的程度成正比。

由以上研究可见，信用风险的形成与发展是个典型的复杂性问题，具有非线性、关联性、涌现性、网络连通性等特征，是新古典金融理论面临的一大难题。当前，作为一个全新的研究理念和思维方式，大数据为分析和解决复杂性问题带来了新思路。高文珺（2017）提出社会科学传统研究方法在社会心态的研究上面临着整体性描述和动态过程分析的难题。大数据海量的数据规模和全新的数据特征为社会心态研究提供了新的机遇。在大数据视野下，大数据、复杂性理论和计算模型对于社会心态研究都具有启发意义，未来，相关研究可以基于复杂性理论，并借助于"复杂社会网络计算模型"等技术，对社会心态的历史、发展、形成过程等问题进行系统和整体分析，进而实现社会心态预测。

宋刚、张楠等（2014）认为大数据的整体性思维及其对混杂性和相关性的关注使其成为应对复杂性的重要技术支撑。大数据时代的城市管理，应该借助于综合集成法，实现数据联网、物联网、思维联网，以及人的联网等，切实抓住大数据技术带来的新机遇，全面实现城市管理的大数据应用和潜在价值挖掘，推动智慧化城市建设的全面展开。林汉川（2016）的研究也显示，大数据的技术和理念能够帮助监管者从类型庞杂、体量巨大而且彼此之间有复杂关联性的微观金融数据中提取系统性风险的相关信息，以起到指示和预警的作用。

Herzenstein M. 等（2018）指出将数据资源转化为决策能力，进而提升行动效果，是大数据应用导向的路径。围绕"证—析"的感知、洞察、认知，成为围绕复杂性大数据分析的主要技术环节。程昌秀（2018）基于地理大数据，通过统计物理学的系列指标描述了地理世界的复杂非线性特征，与此同时，他还利用多智能体、复杂网络、深度学习等方法，实现了复杂非线性地理系统的模拟与推演，其研究彰显了地理现象的复杂性及地理世界的复杂性，并且其研究成果对模拟、分析、反演和预测复杂地理系统具有一定的理论指导意义。近年来许多发达国家金融监管当局都尝试利用大数据方法对宏观积极金融进行审慎监管。

综上所述，大数据方法有着不同于传统数据分析方法的特点与逻辑，其强调数据的混杂性、整体性以及逻辑上的相关性，在解决复杂性问题上有着独特的优势。融合了大数据技术和方法的大数据征信对于传统征信实践的创新正是基于复杂性理论而展开的，因此有必要将其作为研究大数据征信的理论基础。

第三节　国内外相关文献综述

一、大数据征信的国内外研究综述

国内外有关大数据征信的研究在研究主题、研究方法上差别还是比较大的。在第一章对大数据征信的界定时，笔者已经提到，由于欧美国家传统征信实践的成熟度较高，基本实现了服务金融业的金融基础设施的功能，因此其对大数据征信的研究基本以"传统征信的大数据化"为主题，也就是强调在传统征信实践的基础上运用大数据技术进行创新。具体来看，主要集中在运用大数据的模型和算法、提升信用风险评估的准确性、降低金融机构信用风险评估成本及扩大征信覆盖面等方面。在欧美国家，这方面最早的研究可以追溯到21世纪初的有关机器学习理论的发展，在当时，西方国家一些学者将决策树、神经网络等新的模型和算法应用于对信用风险识别与评估的研究中，开启了运用大数据技术提升征信效率的先河。例如，Angelini 等（2008）的研究指出将神经网络模型应用于对消费者的信用风险评估中可以为不同层次的信息主体提供效率更高的评估模型，尤其是对于缺乏信贷记录或者信贷记录不好的消费者来说。但由于当时经济、金融及信息技术发展的限制，数据的评估指标，甚至是数据的来源，都很难满足研究的要求，所以，该学者指出，未来的征信实践势必会朝着信息大融合的趋势发展。在这之后，Hoofhagle（2013）对于消费者信用风险评估的研究显示，通过决策树等模型对消费者行为数据的分析可以帮助授信机构有效判别和验证潜在借款人的信用状况，从而降低交易成本。Ertemel（2015）的研究基于美国信用评估公司的信用评价算法和模型，他指出，信用评估指标的单一化导致很多消费者缺乏信用记录，致使美国近四分之一的消费者无法从授信机构获得授信。因此，克服当前信用评价体系测度单一的局限性就需要将非传统的信用指标纳入信用评价体系，这样既可以提升信用评价的全面性和准确性，也可以在一定程度上拓宽金融服务的范围。

伴随着相关研究的增加与积累，学术界对于运用神经网络、决策树等大数据模型和算法进行信用风险识别和评估的优势逐渐明晰，而此时互联网金融、金融科技的兴起，西方一些学者也开始把注意力转移到互联网技术对征信的影响上，Nir Kshetri（2015）的研究指出在中国等新兴经济体中，主流的金融机构还不能做到低成本、高效率及持续性地满足低收入人群及微型企业的融资需求，而近年来计算机以及互联网技术的进步通过改变金融行业的运作方式使得这一局面有了很大改观，促使这种转变的一个关键机制就是大数据技术在评估、评价及提高潜在借款人的信用度、减少交易成本中的作用。Packin 和 Lev Aretz（2016）指出，借助互联网大数据，可以显著降低征信成本，拓展信用评价指标体系，准确掌握消费者的信用状况、消费习惯、风险偏好等情况，为授信机构提供更全面、更准确的消费者信用评价服务和产品。

由于我国征信业起步较晚，征信机构、征信市场、征信服务和产品在成熟度、普及度、认可度、适用性等方面都有很大欠缺，所以，大数据征信作为前沿信息技术与传统征信实践的结晶，和西方国家相比，缺乏传统征信机构、市场及数据的支持，但大数据征信起初在我国的发展还是具有跨越性和革新性的。因此对于这个新兴事物，我国学者更多的是对其本质、影响及未来发展的探讨。

对于大数据征信本质的研究，吴晶妹（2015）以三维信用论剖析了大数据征信的实质，指出传统征信主要关注的是被征信者的财务信息，数据多是来自银行等授信机构者供应链及交易对手，数据维度较为单向集中，是以财务信息为核心的小数据定向征信；而"大数据征信是现代征信，是互联网征信"，它创新了传统征信的模式和局限，数据是非定向的全网获取，拥有维度广、体量巨大等特点，可以从基本素质、社会活动以及经济活动三方面全面考量被征信者的诚信度、合规度以及践约度，实现对受信者的全面刻画①。除此之外，刘新海、丁伟（2014）认为，从实质上看，大数据征信是金融与信息技术跨界融合创新而成的产物。Bolton P.（2016）的研究指出，大数据征信是对网络环境下的，交易者的风险、行为和信用等方面所进行的全面系统的描绘。当然，这样的描绘是以对互联网电子交易平台等媒介所存储的海量数据的提取、分析和处理等大数据分析过程为基础的。吴晶妹和王银旭（2017）指出大数据下的征信是对电商交易、支付信息、社交信息、网络痕迹等社会和经济活动中产生的个人信用信息，利用大数据信息处理和分析方法进行处理后得出的关于信用画像、信用水平等方面的结论，并开发出信用产品或服务提供给企业、政府或个人使用。大数据征信的数据主要是通过互联网上的社会或经济活动过程采集的，与传统征信相比，在数据来源、数据内容、数据结构、数据处理方式、数据分析方法、信用信息的应用领域等各方面都有所不同。

大数据征信的产生和发展势必会对经济社会产生一定程度的影响，这方面，Chakraborty A. 等（2012）指出，大数据征信借助于互联网渠道，有效拓宽了征信机构的信息获取途径，并且在技术发达和普及到一定程度

---

① 2013 年，吴晶妹曾提出，我国未来将会存在三种征信体系：银行等金融机构为主的金融征信、政府等相关部门为主的行政管理征信，以及第三方机构的商业征信体系。在市场主导模式下，拥有大数据技术和信息资源的企业会进入这个行业：一是电子商务公司，如阿里巴巴利用旗下大量的电商交易数据提供征信服务；二是传统金融机构，如平安银行的数据来源于集团下客户对多种金融产品的行为积累，据此提供征信服务；三是原有贷款公司变征信机构，它所拥有的就是大量的贷款数据积累。

后，信息搜集成本将会被大大缩减，结合数据挖掘技术和云计算计算等，信用信息将被更加充分地分析、挖掘和应用，进而准确性更高、更加全面、更加精准的征信产品和服务将应运而生。Ozerturk S.（2014）的研究成果显示，大数据征信具备数据体量大、来源广、信用评价全面三个主要特征。同时，研究成果还显示，大数据征信具备较强的"外部社会性"特征，因为大数据征信可以通过对用户的交易习惯、行为特征、社会交往、消费偏好，甚至兴趣爱好等方面，全面分析用户的信用行为，提供综合的信用信息和评价。在总结目前已经出现的大数据征信业务形式的基础上，Chen N. 等（2015）提出征信机构可以利用搜索引擎、社交网络及电商平台等互联网渠道商加工后的数据进行征信模式、征信服务领域的创新，实现多元化、个性化的征信服务。李辰（2016）指出，2015 年中国正式开始了征信市场化的进程，所有的民营征信机构（包括个人征信和企业征信机构）都在强调自身的大数据优势，大数据征信才真正在我国的征信市场中有所体现。Kuhen C. M.（2015）指出在进行个人信用评估时，大数据征信和传统征信的评估过程都是对信用信息进行选取、分析、建模、预测和决策的，但传统信用评估模型着重分析个人特征变量与其信用风险之间的因果关系，大数据征信是根据对海量数据的分析找出个人特征与信用风险之间的相关性，没有深究二者之间存在的因果关系，因此往往会通过增加变量的方式加强弱相关变量的解释性。耿得科（2016）提出，传统征信以搜集信用强相关信息为核心，由于技术条件的限制及对成本因素的考虑，并不将与消费者信用状况相关性不高的非金融信息纳入评估体系中，伴随着近几年大数据技术及理念的发展，西方一些大型跨国征信机构在信息的采集上越来越全面，评价方式也越来越多元化，也就是朝着大数据征信的方向发展，这样不仅使传统评价结果有了印证的途径，也使全面刻画信用主体的信用状况成为可能，在一定程度上提高了征信的准确性，拓宽了征信的作用边界。

　　每一项创新的产生和发展势必会为经济、社会带来正、负两方面的影响。随着大数据技术日臻成熟，大数据征信为征信体系建设增添新动力的同时，也引发了一系列值得关注的问题，例如，数据的真实性和安全性难以保证、法律诉讼风险较高等（Khashman A.，2016；Herzenstein M. et al.，2018）。许琪（2015）指出，主要以客户对支付宝等服务的使用行为及在淘宝电商平台上的消费行为和累计额度作为重要评分依据的芝麻信用，可能出现信息主体借助他人消费提升个人信用的行为，导致征信数据可信度的降低。林汉川和张万军等（2016）的研究显示，当前基于大数据的个人信用风险评估技术还处于初级阶段，征信机构尚未掌握信用风险评估的核心技术优势，因此，发展大数据征信业务，征信机构不可避免就会面临数据泄露、数据剽窃、数据篡改等威胁，不仅征信机构业务发展受限，信息主体的切身利益也会面临重大风险。Qian J. 等（2017）从理论层面探讨了大数据征信发展的必要性，研究显示从长期来看，大数据征信可以丰富征信手段、扩展征信服务范围，并在一定程度上降低征信成本，提高征信效率。Chen J. 等（2018）认为大数据征信在传统征信的基础上引入了更多维度的信用数据，从数据来源及处理技术上对传统的信用评估模型进行了创新和改进，使许多缺失传统信用信息的主体也可以获得信用评价并获得相应的信用服务。

对于大数据征信未来的发展，吴晶妹（2014，2015）指出，大数据征信的迅速发展已对中国传统征信业产生一定冲击，并引起了我国征信业的悄然改变，进入了新的发展阶段。现阶段，征信市场管制逐渐被放开，未来，征信市场的主导力量将是那些拥有信息技术和资源优势的创新型企业。具体而言，第一类是拥有大量信用交易数据的传统金融机构，如银行、保险机构等；第二类是拥有大量线上数据的互联网企业，如阿里巴巴、腾讯等；第三类是专门从事数据挖掘及数据分析活动的金融科技公司。针对我国目前的征信体系现状，其他学者们（陈秀梅，2014；万必能，2014；叶文辉，2015）也指出在发展大数据征信的同时，应重视信用信息公开共享标准及相关法律制度的建立；推进行业信用信息的共享，大力发展线上、线下信用中介平台和机构；推行网络实名制，逐步将线上信息纳入央行征信系统，实现信用信息的互联互通。

综上可知，目前国外对与大数据征信的研究主要集中于如何利用大数据模型和算法提升个人信用风险的识别与判断效果，以及如何基于非传统信用数据构建消费者评价体系两方面。而国内对大数据征信的研究起步较晚，但近几年异常火热，且多集中于对大数据的本质、影响及未来发展的分析上，研究数量虽多，但内容仅停留在表层问题的梳理与总结上，缺乏相关的理论证明和实证检验。

二、个人信贷中信息不对称问题的国内外研究综述

综合国内外个人信贷的相关文献，笔者发现，信息不对称和信息不完全是影响个人信贷市场发展的一个重要因素。从银行方面来说，Belleflamme（2013）指出银行面临着来自借款人的不确定性和信用风险。通常情况下，在向银行申请贷款时，借款人对于自己偿还能力和偿还意愿最清楚，但他们往往会有意无意地少提供，甚至刻意隐瞒自己的不确定信息和对自己不利的信息。具体说来，借款人的收入、资产及其波动性、还款意愿和品质、信贷记录以及个人和家庭的负债状况等都属于衡量借款人能否按时还本付息的信息范围，但这涉及借款人的很多私人信息，银行若想获得这些私人信息，必须付出较高的信息成本。Alain（2014）指出，个人信贷市场上有着各种还款概率不等的贷款者，如果银行可以清楚地知道贷款者的还款概率，就可以精准地为不同等级的贷款者提供相应的利率，以实现对其自身信用风险的补偿，但如果银行无法有效识别贷款者的还款概率，通常会采取三种利率政策：第一种是对所有的贷款者都按好的贷款者的标准来设定利率；第二种是按坏的贷款者的标准设定利率；第三种是依据市场上好坏贷款者的比例设定一个平均利率。

为了缓解个人信贷市场中的信息不对称问题，授信机构目前的应对措施一般可以分为两类：一类是被动型措施。例如，由于信息搜集成本较高、技术缺乏等原因无法对贷款者的类别进行准确判别，于是，银行等授信机构就会根据经验控制信用风险，产生信贷配给的结果。Bardhanhan 和

Udry（2010）分析了有完全信息的放贷人与无完全信息的放贷人之间的竞争，结果显示，有完全信息的放贷人的参与会缓解个人信贷市场上的信息不对称水平，从而缩小资金的供需缺口，也就缓解了信贷配给现象。另一类是积极型的措施，银行等授信机构付出较大的信息成本对贷款者进行调查和筛选。例如，银行内部的信用审查或采用第三方征信机构的信用评价等，通过让"利"给贷款者使其自觉地披露相关信息。陈红梅（2015）的研究证明，为了可以吸收更多的贷款者，在风险可控的情况下银行还是愿意设定较低的利率以满足市场的需求。Ghatasheh（2014）同时也指出，在信贷市场信息不对称问题突出的时候，低息贷款会使银行因为高风险贷款者的存在而遭受违约的损失，所以，银行不得不根据市场上好的借款人和坏的价款人的比例设定一个平均市场利率，通过这种强制性的方式让借款人去"分担风险"，以此来弥补其自身可能面对的违约损失。但这样就会使一部分好的借款人因为融资成本和收益的不匹配，或者不愿意与坏的借款人分担风险，而退出个人信贷市场，造成个人信贷市场效率的损失。对于此问题，Tomczak（2014）的研究证明，银行若以较高的利率来弥补其信贷交易中可能的损失，结果就会导致随着利率水平的不断上升，更高信用风险的借款人选择留在信贷市场，这就会使商业银行所面临的违约风险（信用风险）逐渐增加，市场中的违约风险（信用风险）也会不断加剧。这样并不是商业银行进行风险管理的初衷，更不能有效缓解信贷市场中的信息不对称问题。

对于个人信贷市场中信息不对称的影响和后果，在很多学者的研究中也有涉及。Ermisoglu（2013）指出，与企业信贷市场相比，个人信贷市场中的信息不对称问题可能更为严重，这是因为个人信用状况具有很大差异性，而且收入、资产、债务等情况透明度不高，信息隐蔽性较强，再加上个人信贷市场上的贷款者为数众多，鉴于效率和成本因素，银行很难对其进行事前的一一审查；相对而言，由于企业的财务会计制度、信贷历史记录及收益债务等信息比较透明，事前审查成本较低。Herzenstein（2018）的研究也指出，由于个人信贷业务的单笔金额相对企业信贷来说较小，对银行等授信机构来说，个人信贷的单位资金交易成本会高于企业信贷的平均交易成本，有时甚至会高于授信机构个人信贷业务的收益。所以，解决个人与授信机构之间的信息不对称问题，降低授信机构在个人信贷业务中的信息搜集成本，是促进个人信贷业务发展的重要前提。方匡南（2016）从埋没成本角度研究信息的规模效应，认为信用信息具有公共商品的属性，如果贷款者的信用信息不仅对其自身的信用交易有用，对其他借款者的信用交易也有用，那么信用信息的生产就不会产生埋没成本，授信机构对信贷所进行的信息处理就有了规模效应，这也正是银行等授信机构获得其信息比较优势的来源。因此，如何解决个人信息的异质性以提升个人信用信息生产的规模效应，是解决个人信贷市场中信息不对称问题的关键。

由以上相关研究的综述可知，信息不对称是影响个人信贷市场发展的一个主要问题，如何克服信息不对称和信息不完全以防范个人信贷的个人信用风险，降低银行等授信机构对个人消费者信用信息的生产成本，成为了个人信贷市场均衡、健康及持续发展的关键。

三、中小企业信贷融资困境的国内外研究综述

国外的研究成果表明，Macmillan（1929）最先对中小企业融资问题进行了相关研究，他指出，中小企业普遍面临的融资约束问题，严重地阻碍了其未来发展。实践中，信贷市场中的供给者，通常缺乏为其提供信贷支持的内在动力，中小企业的信贷供给远小于其需求，其成长必然缺少必要的资金支持。Weston（1981）的相关研究基于企业生命周期理论。他指出，中小企业自身的特性决定了其较难在资本市场中获得资金支持，因此，其只能依靠短期信贷维持生产和经营。Udell 和 Allen（1995）的相关研究基于关系金融理论。他们指出，中小企业如果可以与商业银行维持稳定和长期的合作关系，商业银行可以积累和获取更多的中小企业信用、财务和运营等信息，基于这种稳定的合作关系、信任关系和融洽关系，可以进一步降低银企之间的信息不对称程度，中小企业更容易从商业银行获得

融资支持。Stiglitz 和 Mourdock 等（1996）的相关研究基于金融约束理论。他们指出，当社会面临金融压抑和资金短缺等问题时，政府往往会选择将有限的社会资金投入到关系国计民生的大企业中，进而降低了金融和信贷市场对中小企业融资的支持力度。Mester 和 Berlin（1997）的研究指出，商业银行信贷业务中的贷款可以被划分为两类——关系型和交易型。对于关系型信贷业务，商业银行并不期待从中获得较为理想的利润，而是通过为企业提供类似于现金管理、支付结算管理、贸易融资等增值服务获得综合收益，并进一步与企业建立稳定的合作关系，这部分的贷款业务基于对熟悉企业的充分了解，贷款风险控制相对容易；对于交易型信贷业务，商业银行会重点考虑其业务的盈利能力，因此，合作的企业关系相对短暂、直接和简单，商业银行对企业的了解程度往往不充分，贷款风险控制的难度也相对较大。Weston 和 Stranhan（1998）的研究表明，传统金融机构的规模、资产结构和经营结构等因素会对中小企业融资产生一定影响。实证表明，金融机构的规模越大，结构越复杂，其对中小企业授信的成本就越高，定价也就越高，从成本和收益的角度衡量，中小企业获得较大规模传统金融机构资金支持的可能性较小。

Espert 和 Tabuenca（2010）的研究表明，中小企业融资过程中，普遍面临担保不足、财务成本偏高、资金需求规模较小、融资成本较高等问题，中小企业融资需求很难与传统商业银行或其他金融机构的信贷供给相匹配。Haber 和 Charles（2011）的研究指出，中小企业面临的融资困境，和传统银行业与政府形成的政治联盟关系相关，因为传统银行业往往以大中型商业银行为主导，政治联盟关系会将银行的信贷配给更多地提供给那些关系较为紧密的大中型企业。Tsuruta（2015）的研究基于日本国内的实证数据。该研究指出，日本的中小企业普遍面临经营管理水平低、信用水平不高、融资成本较高、融资杠杆率较高等现实问题，这也是他们无法获得资本市场资金支持的重要原因，因而其扩大再生产和未来的长远发展都将受到严重的制约。

国内的研究成果表明，我国有关中小企业融资问题的研究起步较晚，相关的理论研究体系和实践都相对落后，但改革开放40多年以来，我国学者在这个领域里也取得了令人瞩目的成绩和研究成果。林毅夫、李永军等（2001）的研究关注我国中小企业的经营模式和特点。他们指出，未来很长一段时间，国内中小企业的经营方式仍然会是以劳动密集型为主，国内的金融市场无法对中小企业融资提供信贷支持。他们进一步指出，改善这个现状应当从完善和改革中小企业经营管理模式做起，并建立健全相应的中小企业的信用担保和评价体系。史本山、郭彩虹等（2004）的研究基于博弈论。他们的研究表明，中小企业融资过程中的核心问题是"银企博弈"问题，博弈理论有助于降低信贷过程中的信息不对称现象，进而为"银企博弈"提供最优决策结果。同时，研究也呼吁相关部门尽快建立健全长效信息搜集和共享机制，以降低"银企博弈"过程中的信息不对称，缓解中小企业融资难问题。李镇西等（2010）的研究指出，建立健全小型金融体系和机制，是缓解中小企业融资难问题的有效途径。结合国外小型金融体系和机制的发展经验，及我国此类金融机构的发展现实，研究呼吁各级政府应当加大对小型金融体系和机制发展的支持力度。舒威（2011）的研究指出，当前，企业综合实力较低、资产规模不足、担保抵押不足、外源性融资规模偏小、融资期限配置不合理等问题，长期且严重地阻碍了国内中小企业的发展。

李建军（2016）的研究表明，制约中小企业融资的因素主要包括：财务管理不规范、企业自身实力偏低、税负压力较大、缺少必要的政策扶持等。因此，中小企业可以通过商业银行的关系型贷款，获得相应的融资和信贷支持。林平（2014）指出，当前中小企业融资问题愈加突出的根源是金融市场收缩贷款和信贷成本上扬等因素的综合作用。于洋等（2013）指出，融资成本高、期限短、市场需求大等，是当前我国中小企业融资的主要特点，研究成果进一步表明，中小企业"融资难"的根源是缺少外源性融资途径，大多数中小企业往往通过非正规金融途径获得资金支持。邢乐成、梁永贤等（2013）的研究指出，当前，国内以商业银行为主导的融资体系，无法与国内中小企业的经营和融资特性吻合，这是中小企业"融资难"的关键所在，因此，需要从改革融资体系和金融市场开始，逐步建立健全科学合理、多层次、满足多样性资金需求的融资体系和金融市场。吕劲松（2015）指出，中小企业融资难的原因包括：市场缺少多层次的融资方式和融资环境、融资成本高、信贷配给不合理、资金缺口大等。刘绘、沈庆劼（2015）认为，中小企业融资难的原因还包括：缺少必要的抵质押和担保、单次贷款频率高、数量少等。张心月（2017）通过案例分析的方法研究了大数据征信对中小企业融资的作用机制，提出银企间的信息不对称是造成中小企业融资困境的重要原因。

综合以上文献不难发现，中小企业"融资难"的问题普遍存在，其从传统的商业银行和其他金融机构获得贷款和信贷支持的难度较高，在这其中，信贷交易过程中的信息不对称，以及信用担保不充分等问题是其核心根源所在。进一步而言，即使第三方担保机构能够为中小企业融资提供信用担保或保证，但是出于自身的风险控制考量，他们仍然会在担保过程中要求中小企业提供抵质押品，这就形成了死结——中小企业的融资悖论。中小企业自身的经营和发展，使得其自身经营能力有限，信用水平偏低，往往无法提供融资所需的抵质押品，而金融机构出于对风险的考量，必须要求其客户提供抵质押物或担保，这是一个死循环，究其本质就是：金融机构要求根本无法提供信用证明的中小企业（或者在信用缺失的情况下）提供信用证明。由此可见，通过呼吁建立健全第三方担保机制、强化对中小企业融资的政策扶持、建立多层次金融体系等，都无法从根本上解开中小企业融资悖论的死结，无法有效缓解中小企业"融资难"的困境。未来，在大数据技术、云计算技术、大数据征信等新兴技术和理念的支持下，从新的角度，笔者尝试探索一条为中小企业提供信用支持，缓解中小企业"融资难"的可行之路。

四、大数据征信对个人信贷影响的相关研究综述

目前直接研究大数据征信对个人信贷的影响的研究较少，但我们可以

从与之相关的一些文献中得到启发。

1. 互联网、大数据技术对个人信贷的影响

Wydick 和 Mclntosh（2009，2010）指出，在一定情况下，对于低收入人群来说，互联网技术的发展可以为其提供更多的信贷机会。与此同时，Vercammen（2011）的研究也指出，在个人信贷市场上，通过大数据技术改进的信用信息共享机制可以有效保护借款者的声誉福利、平滑跨期消费、优化信贷资源的合理配置。谢平于 2012 年发表评论指出，不断改进的搜索引擎算法、互联网大数据技术的普及和发展、云计算的创新升级、社交网络的全覆盖，以及第三方支付的蓬勃发展等技术手段的变化改变了人们的日常生活，"互联网+金融"时代下，金融交易的信息不对称问题得到有效缓解，甚至经济交易的效率也得到了一定程度的提升，这个时代下，金融市场的"无中介"发展成为可能。因此，金融交易双方的风险成本大大降低，信贷资金的周期匹配进一步下降，同时，伴随互联网金融的快速发展和普及，金融交易、支付结算、金融服务和产品的推广等行为均可以通过互联网完成，这也在一定程度上降低了市场交易费用。吴晶妹（2015）提出大数据征信利用互联网，以大数据技术为手段记录和判断个人的信用价值，为个人信用评估注入了丰富多维的信用数据，为更全面的从诚信度、合规度和践约度三方面刻画人们的信用提供了基础。耿得科（2015）指出，我国大数据资信评估的发展既拓展了信用信息的内涵，又丰富了信用信息的内容，在提高资信评估决策质量的同时，也降低了传统资信评估的数据门槛，在一定程度上弥补了我国传统资信评估市场的不足。王银旭（2018）以三维信用理论为基础，研究证明过于依赖受信者的历史行为数据，忽视对其本身诚信素质的评估对于信用历史不丰富的守信者来说，增加了其信用服务的获得成本，在一定程度上阻碍了信用服务的覆盖与推广，而基于大数据的个人信用全面刻画可以防止评估体系在社会、经济环境发生变化时出现偏差。武安华（2016）指出基于大数据的个人信用评分覆盖范围更广、模型更新较为及时，预测绝对风险的能力较强。

以上学者的观点证明，征信机制的建立与发展可以提供更多的借贷机会，但需要保证借贷双方之间的信息透明度，而大数据征信从数据搜集技术、数据分析技术上提升了传统信用信息共享与信息传达的有效性，可以一定程度上提高征信覆盖面、降低信用信息共享成本，因此，大数据征信的发展势必会对个人信贷市场产生一定的影响。

2. 信用信息共享对个人信贷的影响

在理论研究方面，Padilla 和 Pagano（1997，2005）通过建立借贷双方风险中立的两阶段模型，分析了信贷市场上的融资约束问题。该研究认为，信用信息的共享可以从加大竞争和提高借款人约束两方面影响银行的利润，如果竞争加剧效应小于借款人约束效应，那么信息共享就是严格的帕累托改进，借贷双方都会因此而获利。在借款人种类较多、差异性较大的信贷市场中，利率会下降，信贷总额会增加。与此同时，信息分享对效率的影响取决于共享信息的范围及具体的共享机制。Klein（1992）利用博弈论的模型指出，信息共享机制的建立可以减少信贷市场的违约行为，也使得银行更倾向于发放贷款，致使信贷总额增加。具体来说，可以通过三条途径促进信贷规模的增长：一是通过信用信息共享机构，更准确地了解借款者的特征，更好地实施风险定价；二是通过减少银行信息租金，增加银行之间的竞争，降低借款成本；三是通过强化声誉机制，提高借款者诚信履约的意愿。Bolton 等（2016）的研究说明，当信用信息共享效率较低，对债权人的保护较弱时，银行会通过信贷配给来避免多头借贷问题的发生，而充分的信息共享机制可以有效避免信贷交易中的过度借贷问题，减少银行的信贷配给，从而增加信贷市场上的信贷总额。

以上理论研究显示，信用信息的共享机制会对个人信贷的规模、成本及质量等方面产生影响，但在实证检验方面，据笔者所知，鲜有学者从规模、成本、质量三方面对信用信息共享机制影响个人信贷的有效性做出全面、系统的检验。因此，本书在研究大数据征信对个人信贷的影响时，将从个人信贷的规模、成本及质量三方面，对比大数据征信和传统征信对个人信贷的影响。

五、大数据征信对中小企业信贷融资影响的相关研究综述

1. "软信息"成本对中小企业信贷融资可得性的影响

Berger 和 Udell（2002）提出了关系型贷款优势论，指出从信贷供给方角度来看，大银行的组织层次多，"软信息"不宜在其沟通渠道间传递。为避免"软信息"传递的失真及由此产生的过高成本，大银行若要运用关系型贷款，则需要将决策权下放到基层信贷员与审批者，如此一来又会产生代理成本。因此，对于立足于区域金融市场，与当地中小企业保持近距离接触，能够掌握企业各种非公开信息（如管理层的信誉状况、人品、企业与上下游客户见的关系等）的中小银行，在向信息不透明的中小企业发放关系型贷款时就具有一定比较优势。Khashman（2016）指出，商业银行可以利用"关系型融资"的模式来满足中小企业的信贷融资需求，以中小企业的"软实力"为重点考察对象，例如，经营者的道德素质、企业员工的整体素质及企业发展模式和前景等方面。但这种模式也存在沟通渠道不通畅、信息获取难度高等问题。

以上学者的研究证明了发展关系型贷款可以有效促进中小企业信贷融资。笔者认为，关系型贷款优势的核心即是"软信息"成本优势，也就是对中小企业各种非公开信息的采集、调查、传递等的成本优势。在大数据征信发生之前，这种优势只存在于小银行，而以先进信息采集、搜集、处理技术为特长的大数据征信的产生，使这一优势不再局限于小银行之中。

2. 大数据征信对中小企业"软信息"成本的影响

Kling G.（2014）指出大数据征信能突破依据抵押资产、财务报表及担保信息的企业信用评价模式，从企业的行为模式中识别、计算信用，从企业的经营明细数据中挖掘信用，数据的采集、加工、处理过程全部通过计算机系统完成，减少了人为因素的干扰，对于防范道德风险、解决中小企业"融资难"中的缺信用、缺信息问题有很大的促进作用。Kling G. 和Paul S. 等（2014）也对相关问题进行了研究，结果表明，在大数据技术

的支持下，传统的商业银行和其他金融机构，能够更快和更清晰地获取企业信用相关的信息，这在一定程度上降低了信贷交易过程中的信息不对称程度，金融机构可以将片段化、离散的信贷需求信息和信用信息进行整合，也就为金融机构向信用水平较高的中小企业提供资金支持提供了可能性。传统的商业银行信贷市场普遍存在的"二八定律"将被颠覆。中小企业信贷融资中的"信贷配给"现象也会有所缓解。曹廷贵等（2015）也指出，"软信息"获取成本较高是影响我国中小企业信贷融资可得性的重要因素。通过分析互联网"软信息"成本的特点，他提出，互联网技术与"软信息"成本具有天然的耦合性，互联网"软信息"质量高，采集速度快，具有规模经济效应，可以实现成本的大幅度降低，因此，大数据、互联网技术的普及和应用，可以在一定程度上降低中小企业的"软信息"成本。Kshetri（2015）通过案例研究显示，大数据征信在帮助经济活跃的低收入家庭以及小型企业获得金融产品和服务方面有一定的促进作用。Assenova 等（2016）的研究成果也显示，依托于大数据技术、信息处理技术和信息共享技术等，传统商业银行和金融机构可以突破空间、时间和物理距离的限制，更多、更快、更精准地获取贷款企业的信息，在获取中小企业的信用的状况和信用记录方面将会更加及时和容易，空间和距离对小微信贷的影响将会在一定程度上被削弱。

以上研究大多通过案例、现状总结等方法肯定了大数据征信对中小企业"软信息"成本的降低作用，但是深入的理论研究相对较少。本书将在前人研究的基础上，从理论分析角度证明大数据征信通过降低中小企业的软信息成本进而影响其信贷可获得性的作用机理，并从实证分析角度证明，大数据征信的参与在一定程度上可以影响中小企业的信贷可获得性。

大数据征信发展概况及对信贷的影响效应

第一节 大数据征信的产生

征信是社会、经济发展到一定高度的产物。作为协助授信者判别和控制信用风险、提高信用风险管理效率的重要手段，征信具有降低信息不对称程度、促进信用交易、惩戒失信、规范信贷规模并形成社会导向等功能①。自 19 世纪初世界第一家征信机构在英国萌芽，经过 200 多年的发展，征信业已从最初的几家零售联合商发展成为支持世界数十万亿美元个人信贷市场及商业信用市场的高科技产业②。纵观征信业的发展历史，根据征信实践的特点以及服务信贷业的功能的发挥，笔者将其划分为三个阶段：早期阶段、成熟阶段及改革阶段，并通过分析征信实践的发展趋势，阐述大数据征信发展的必要性。

一、征信实践发展概述

1. 早期阶段——以定性风险决策为主

从国际范围来看，征信业产生于欧洲工业革命之后。在这之前，由于

---

① 《中国征信业发展报告（2003—2013）》。
② 《美国消费者信用报告百年》。

交易对象和交易范围多限于"熟人"之间，交易频率、种类和数量相对单一，经济社会对信用信息的需求以及信用信息的获取难度较低。但随着经济技术的发展，进入工业化和信息时代后，社会分工在深度和广度上都有了极大扩展，市场规模及交易主体的数量不断增加，交易主体对于其他交易者的信用信息需求快速增加。在这种情况下，专业化的信用信息服务，也就是现代征信业，顺势而生。作为市场经济的必然产物，信用信息本身就具有价值，但在专业化的信用信息服务产生之前，其商品属性和价值尚没有被社会公众深刻认识，在大部分情况下信用信息都是被无偿使用的，仅在极少数情况下是被有偿转移的。征信业的产生和发展使信用信息的价值被交易主体重视，征信机构将从各个渠道搜集的信用信息作为一种商品在市场上进行交换，成为市场经济活动的一种要素，对促进信用交易的完成有重要作用。

根据现有文字记载，征信实践最早产生于18世纪末19世纪初的英国裁缝界（万存知，2008）。当时，工业革命提高了英国经济的活跃程度，使得社交活动增多，因此越来越多的人想要定制礼服，但在衣服加工完成后总有少数顾客由于种种原因并不来取走成衣，致使裁缝店常常遭受损失。为避免这种损失，作为债权人的裁缝店主就将欠债、违约的顾客名字记下来，在同行间相互提醒①。若追根溯源至此，征信在国外已有200多年的发展历史了。

英国的征信最先是针对个人欠债发展起来的，而在美国，征信却是首先服务于企业领域（万存知，2008）。北美大开发时期，经济迅速发展，来自于贸易公司的赊销成为了企业扩大生产的重要支持。为了防止赊销中欺诈、违约行为的出现，有人专门成立了机构为贸易公司提供贸易信贷中债务人的信用信息。其中最著名的就是1841年创立的商业信息服务所（The Mercantile Agency），也就是邓白氏集团（D&B）的前身。在同一时

---

① 根据已有文献记载：英国人在1801年成立了布鲁克林征信所，1803年伦敦的第一批裁缝相聚在咖啡馆里成立了伦敦互助交流会（Mutual Communication Society of London）。

期，针对美国零售业也出现了征信。19 世纪 30 年代左右，美国出现了几家由当地零售商联合发起设立的、规模较小的、非营利性的、区域性的征信机构，他们跟踪消费者在本区域①的消费行为，为某一特定类型的授信者——进行信用销售的零售商——提供消费者的信用信息。

直到 20 世纪 50 年代美国征信活动才向银行信贷领域扩展，在 19 世纪初到 20 世纪 50 年代的这近 150 年里，早期征信业发展十分缓慢。在信用信息的来源方面，这个时期的信息采集方式是最简单、最原始的线下采集：通过熟人之间的信息交换了解消费者，或者从报纸上四处搜寻有关消费者犯罪、结婚、死亡、职务提升等方面的信息，有时从报纸上剪辑下来的有关消费者的信息也会被张贴在消费者的纸质信用报告中。在信用评价方面，这个阶段主要靠定性信用风险决策支持授信者的信用风险管理，评审人根据自己的经验和对借款人的主观判断形成最终评价结果，属于一种定性分析过程，效率较低，缺乏客观性、可比较性和科学性。这个阶段的征信产品仅限于信用报告，而此时的信用报告并无特定标准，除了包含消费者的姓名、地址、职业、年龄等基本信息外，大多数是对消费者经历、性格、能力、家庭、财产等情况的主观判断。从这个时期信贷发展规模可以看出，此阶段美国信贷市场总的信贷金额规模较小，发展极其缓慢，如图 3-1 所示。

2. 成熟阶段——以局部量化分析为主（1950~1980 年）

20 世纪 70 年代，信用卡行业的快速发展为征信机构带来了机遇和挑战。一方面，发行信用卡的银行是征信机构新商机的重要来源，"预审服务"成为征信机构的重要收入来源。"预审服务"是指发卡机构需要明确潜在贷款者的一系列特征，以产生邮寄名单来帮助发卡机构扩展信贷。另一方面，授信者对于跨区域或在全国范围内提供信用卡非常感兴趣，但这需要相应的信用报告，而直到 20 世纪 60 年代末期，还没有征信机构可以提供这样的报告。与此同时，银行快速自动化自身系统，期望尽快通过电

---

① 通常是一个特定的县或小镇。

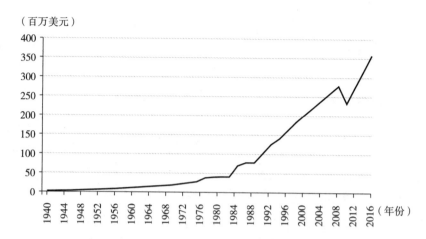

图 3-1　1940~2018 年美国个人信贷市场规模

资料来源：根据美联储网站等整理而得。

子方式而不是纸质文件的方式共享来获得征信机构的数据。看到这些需求后，征信机构不得不自动化业务模式、扩大信息征集范围。

1956 年，来自斯坦福的工程师 William Fair 和数学家 Earl Isaac 成立了信用评估数据挖掘公司——费埃哲（FICO），费埃哲公司致力于信用评分系统的开发与应用，通过对数学分析模型以及计算方法的整合，两年后成功推出第一代信用评分系统，随后又不断对其进行改造和升级。FICO 评分系统的应用帮助银行等授信机构的审贷过程实现了批量化和自动化，信用评估准确性提高的同时，也使得信贷的可获得性提高，促成了个人信贷第一次革命的到来（陈建，2007）。如图 3-1 所示，1950~1980 年，美国个人信贷市场的发展速度明显提升，并形成一定规模。但由于 FICO 评分模型的输入数据主要为来自银行等授信机构的结构化的信贷数据，在覆盖范围、适用性及时效性方面还有欠缺，在解决信贷交易双方信息不对称的问题上仍有局限。

3. 改革阶段——转向全局量化风险分析（1980 年之后）

经过近十年的发展，美国大型征信机构已覆盖整个甚至多个城市，并且很快通过兼并其他城市的信用机构来扩张其信息征集范围。随着征信业兼并浪潮的推进，1972～1997年，美国征信局的数量下降了20%，1997～2002年又下降了30%，截止到2002年，美国征信机构的总数量只有不到100家①。

在信息技术的推动下，以1965年的洛杉矶为起点，美国的征信机构逐步实现自动化，接着是1967年的纽约和旧金山②。信息技术的发展又进一步推动了美国征信业垄断局势的形成。1997年，在全美国不到100家的征信机构中，90%的征信公司年销售额低于250万美元，仅有14家征信公司拥有超过5家营业处，但这些公司占了所有营业点的1/5、员工占整个行业员工的一半，收益占了整个行业的2/3。仅那4家最大的征信公司③就占了整个行业收益的一半以上。这些较大的公司集中于批量业务，他们每年（成百万上千万次）的搜寻信用档案信息，管理着大部分的预审服务，这些预审服务来自于每年的信用卡申请以及通过邮件的保险申请。而较小的征信公司主要集中于小批量的以及一次性的客户④。

在这期间，其他国家的征信机构也在快速发展，国际银行最近的一项调查发现，在20世纪90年代，至少有25家新兴的私人征信机构在欧洲、亚洲、拉丁美洲成立（Miller，2003）。与此同时，美国大的征信机构也开始实行对外扩张，1996年益博睿与一家英国公司合并，它的业务开始向欧洲蔓延，而艾奎法克斯公司已经兼并了拉丁美洲的很多征信机构。此后不久，美国几家大的征信机构建立了可以获得全国范围内所有自动化了的征信机构的征信报告网络。随着会员银行以及零售商建立了全国范围的信贷特许权，他们的数据使得美国最大的征信机构——益博睿——朝着借款

① 1965年，美国联合信用局（ABC）的成员最多时达到2200家会员单位。

② 1997年，在美国只有不到100家的活跃的消费者信用报告机构，他们的雇员有大约2200人，销售额达到0.28亿美元（2002年的销售额是0.35亿美元），这些收入的大多数来自于查询征信报告所收的费用，所发布的信用报告的数量是30年前的10倍，但是行业雇佣人员却没有变化。很少有行业可以获得如此之高的劳动生产率的增加。

③ 益博睿、环联、艾奎法克斯和邓白氏。

④ 对于这些客户来说那些大征信机构的自动化的技术处理成本太高。但是，随着成本小、性能高的个人电脑以及网络传输技术的普及，这部分花费急速下降，这也给这些较小的独立的征信机构带来了额外的压力。

者内部全覆盖的目标发展。而事实证明，通过整合来自不同信贷机构的消费者的信用信息，美国最大的三家征信机构（环联、益博睿、艾奎法克斯）在 20 世纪 80 年代就已基本达到全民覆盖，形成了全局信用信息。信用信息的全局共享在一定程度上降低了借款者与银行等授信机构之间的信息不对称程度，使金融机构的信用风险管理又向前迈出了一大步（刘新海，2015）。由美国个人信贷的发展过程（见图 3-1）也可以看出，1980年以后，美国的个人信贷市场的发展突飞猛进，在规模上有了质的飞越。但是，此阶段的征信机制仍然存在无法为少量缺乏信贷信息的个人，以及财务信息不清晰的中小企业提供信用评价的问题，这类借款人的信贷需求受到限制，无法享受来自银行等授信机构的正常信贷服务。

2013 年以来，在大数据技术及理念的促动下，更多维度、更多内容、不同结构的数据都可以被挖掘和分析，机器学习的模型和算法的进步为此提供了有效途径。ZestFinance 的总裁 Douglas C. Merill 先生在 2014 年的一次采访中曾指出，机器学习的模型和算法加上大数据，为信贷的信用风险管理带来了新的机遇：通过对大数据的挖掘和分析，可以得到更多的信息以评价借款者的信用状况，尤其是对传统征信无法覆盖到的一些"边缘"个人及企业，通过大数据的理念和方法也可以为其提供有效的信用证明①。

二、征信实践发展趋势

纵观国际征信实践的发展历程，根据征信实践发展特征可以看出，大数据征信符合历史发展，符合当下经济、技术、人口需求的现代征信的发展趋势。早期征信阶段，从征信信息的范畴来看，原始征信阶段征信者搜集到的是"纷繁复杂"的信息，包含被征信者的姓名、年龄、职业、收入等基本信息，以及家庭成员、财产、之前的债务情况等，表征被征信者除了偿还能力和偿还意愿的主流征信信息外，还会根据被征信者的经历、性

---

① https：//www.cnblogs.com/dhcn/p/712046.html。

格、能力，甚至住房情况等非金融信息来判断其信用状况；从信用评价方法来看，这个阶段的征信主要采用主观定性评价的方法来判断被征信者的信用状况，也就是依据个人社会经验来判断①，没有统一客观的标准，准确率低、成本高、缺乏客观性和科学性；从征信的应用场景来看，这个阶段的征信不局限于借贷市场，也应用于商业合作伙伴的选择以及职员雇用等场景。由于社会、技术和经济发展的限制，一方面，所采集到的"纷繁复杂的信息"范围有限且准确性不高；另一方面，评价者个人经验的局限性和不稳定性严重影响评价结果的准确性。因此，这个阶段的征信并没有充分发挥其服务于社会和经济的基础设施的功能。

征信业逐渐成熟阶段，由于社会、技术和经济的进步，信用信息的共享与处理上都有了很大进展，征信的需求也日益旺盛。出于对数据可靠性、评价客观性及经济成本的追求，这个阶段的征信业从各个方面对原始征信业进行了革新，但是仍存在以下问题：首先，在应用场景上，这个阶段的征信业主要服务于信用销售市场以及金融借贷市场，缺乏其他场景的应用，尤其是面向个人消费者的征信服务极其匮乏②。除此之外，此阶段的评价模型主要根据借款者的信用历史行为，通过偿还能力和偿还意愿的强相关变量，以简单线性分析的方式来评估借款者的信用状况。所以这个阶段的征信业虽然数据可靠性高、评估模型风险控制性强，但也存在数据范畴小、数据滞后、算法过于简单等问题，评价结果存在时效性和动态性差、应用场景少等缺点。

现代征信实践融入了全局量化风险分析方法以及大数据的理念和方法后，进入了征信的改革阶段。国际上主流的征信公司纷纷抓住时机，从信息源、数据分析、场景开发等各个方面革新、拓展自己的业务。刘新海指出"环联和其它全球征信机构都是典型的大数据公司：拥有典型的大数据

---

① 这里所说的"社会经验判断法"通常是将被征信者的情况与周围其他社会成员进行关联和比较。

② 当时的技术环境不成熟，互联网没有发展起来，传统的邮寄和人工查询效率低下，劳动成本较高，缺乏合适、便捷的渠道联系消费者（刘新海，2016）。

（30P 的数据量，每年以 25% 的速度增加，超过 10 亿人的信用记录）；数据类型丰富（90000 多个数据源，超过 4000 种的数据格式）；数据更新速度快（每月差不多 36 亿条记录）；最重要的是环联的征信数据中蕴含着大价值，丰富的消费者的消费模式和信用信息，可以用于信用信息服务、市场营销、决策分析以及为消费者本人提供信用管理服务等"。

从数据范畴、评估方法以及应用场景上来看，大数据征信对成熟阶段的征信实践都呈现出一定程度的创新。大数据征信扩大了征信的数据范畴，力求从全信息维度描述被征信者的信用状况；采用复杂、先进的数据处理方法和技术，对个人和企业的信用状况给予更准确、更清晰、更全面、更及时的描述；与此同时，利用大数据的思维和方法，在考量微观个体的信用状况，指示微观个体信用风险的同时，征信业对整体性描述、分析微观主体之间信用风险的传染、积累及转化的动态情况具有一定程度的作用，大数据征信促使征信业走向了动静结合、宏微观相通的更广阔的天地，拓展了传统征信的作用广度和深度。正如吴晶妹（2013）指出的，借助于现代信息技术，特别是大数据技术的发展，征信实践逐步由线下信息搜集过渡到"线上+线下"全信息的整合阶段，这一发展正孕育着一场新的征信变革——以实时征信替代定期征信，以个性化征信服务替代通用征信服务，以全信息信用评估替代财务信息评估。这是信息技术革命的结果，也是征信实践发展的必然。具体来说：

1. 大数据征信迎合当下经济以及监管大环境

首先，全球金融危机之后，金融格局发生很大变化，金融监管负担增加，风险厌恶情绪急剧上升。作为回应，银行收回了一些放贷活动。随着银行的撤出，一些新的竞争者带着金融创新产品进入市场。这些产品运用科技手段超越了传统银行的一些优势，例如，起初最早的 P2P 贷款机构专门为银行拒绝的小型企业以及风险较高的个人借款者提供服务，经过几年的发展，P2P 贷款机构获得了立足点并在 2013 年左右取得突破式的进展。

其次，全球金融危机以来，始终持续的低利率环境为金融机构带来利润下行的压力，激励金融机构采取措施削减成本。而技术通常是一种缩减开支的方法，例如，区块链公司试图加速清算和结算，从而降低成本，在线贷款机构简化了传统的贷款承销过程也是为了节约成本①。作为集合了先进数据搜集、存储、整理、处理方法的大数据征信可以提高信息共享程度、提高信息储存量、简化信息整理流程、提高信息处理效率，从而显著降低征信成本②，促进行业转型升级。也正是注意到了这一点，伴随着监管政策的放松，全球大数据征信市场得到迅猛发展。

2. 大数据征信符合社会时代的改变

人口特征的变化是大数据征信在近几年受到日益关注的又一重要原因。进入 2010 年，"数字土著"③逐渐成为市场主力军，他们一出生就浸润在数字化的生活环境中，对于数字化的技术及其产品再熟悉不过，他们的日常生活、学习、工作也与数字化的技术及其产品密不可分。

首先，随着"数字土著"一代逐渐占领市场，网民数量急剧增加，他们日常行为的互联网化为我们提供了大数据资源。调查研究显示，千禧一代更有可能运用非传统金融服务提供商，如苹果公司、谷歌公司，来获取在线金融服务，或者使用像比特币这样的数字货币④。统计数据显示，我国全网累计流量达到 1EB⑤ 的时间在 2000 年需要一年，在 2003 年需要一个月，在 2008 年该时间缩短为一周，而在 2013 年达到这个时间只需要一天。

我国是世界上网民数最多的国家。百度公司 2016 年日搜索量达 50 亿次⑥；2017 年 9 月微信平均日登录用户达 9.02 亿，微信用户日发送消息 380 亿次，日发表视频次数 6800 万次⑦；2018 年平均每月有超过 6 亿名用

---

① https：//ripple. com/files/xrp_ cost_ model_ paper. pdf。

② www. sohu. com/a/116451234_ 446707。

③ 数字土著的概念由美国 Game2train 公司的 CEO Marc Prensky 在 2001 年最先提出。

④ http：//www. fico. com/millennial - quiz/pdf/fico - millennial - insight - report. pdf 和 https：//www. telstraglobal. com/millennials/assets/gated - content - millennials - mobiles - money. pdf。

⑤ 即 10 亿 GB 或 1000PB。

⑥ http：//www. web-sun. cn/google-2016-search/。

⑦ https：//www. sohu. com/a/203823436_ 100016136。

户活跃在淘宝上①。这些工作、社交、购物平台每天数据的生产量和存储量都达到了惊人的程度，我国居民的日常生活、学习和工作均已逐步实现网络化、信息化，线上的产品和服务是影响其各方面活动内容和质量的重要因素。英国《自然》杂志 2010 年曾提出，"如果可以更有效地使用和组织所产生的大数据，我们将能显著提升科学技术对社会发展的巨大推动作用"。

其次，互联网化的日常行为习惯使得"数字土著"一代对获取征信服务的速度、便利性、成本及友好性有了更高的期待。传统征信存在着数据封闭不完善、征信平台数据更新不及时、介入门槛高、查询次数受到限制、人力资源成本大等缺陷。

在征信实践融合了大数据技术和理念之后，传统征信所面临的以上问题就迎刃而解了。与传统征信相比，通过机器学习、云计算等技术，大数据征信从数据的录入到评价结果输出的整个过程全部由计算机完成，可以有效避免人为因素的限制，增强评价结果的客观性和真实性，显著提高数据处理的准确性。除此之外，大数据征信系统在信用洞察方面具有毫秒级的计算速度，依靠人工智能等方法可以极速、零时差地进行信用评估及风险识别，实时更新数据，确保评价结果的时效性。大数据征信不仅能够进行实时的信用评估及风险识别，而且可以通过多元场景的互通互联，起到约束失信个人和企业，促使他们履行义务的作用。虽然大数据征信快速发展的同时也为我们带来了信息安全方面的担忧，但正如百度总裁李彦宏所说："新一代网民是愿意用部分隐私来换取日常生活和工作当中更多的便利的。"

3. 大数据征信顺应科技创新的潮流

信息爆炸并非现在才出现，庞大、海量的数据信息在 20 世纪 80 年代计算机被应用并慢慢普及的过程中就一直存在。那么，为什么人们在近十年才感受到大数据的来势迅猛，在近三年大数据征信才进入人们的视野，引起人们的追捧呢？因为大数据征信的真正价值不在于拥有庞大、海量的数据信息，也就是大数据现象，而在于数据的处理和应用，即运用大数据

---

① https://www.sohu.com/a/291140283_120013869。

理念和技术，可以将数据转化为知识，发现数据所展现的价值，进而提供决策支持。所以，大数据征信是一个综合性高、交叉性强的产业，其价值的发挥需要将大数据的存储、计算、分析等多个层面进行完整综合，需要海量数据与先进计算能力的完美融合。

在高性能的大数据处理技术和计算模式出现之前，Massage Passing Interface（MPI）是最常用的计算密集型计算任务，以及处理大体量数据的编程模型和方法。但 MPI 在大规模数据的计算以及处理上存在很多缺陷[1]，2004 年谷歌公司研发的 MapReduce 计算模型和技术，在一定程度上解决了 MPI 在大数据计算与处理上所面临的问题，有力地推动了大数据技术的应用和发展。特别是在 2013 年以后，多种具有高效的计算性以及很好的兼容性的大数据计算模式，在业界和学术界坚持不懈的努力中不断推陈出新[2]。

因此，正如之前的所有金融创新的驱动力一样，技术的进步是大数据征信兴起与发展的一个关键因素。虽然对于大数据的挖掘和处理具有很高的挑战性，但面对大数据背后的价值，业界和学术界相关人士孜孜不倦，近十年来，在其不断努力和推动下，分布式存储系统性能有了大范围提高；主流大数据计算平台的功能显著增强；典型大数据分析应用算法明显优化；大数据平台的可编程性和易用性提升。这些进步和发展才使得充分挖掘数据资源的价值成为可能，提高数据资源的应用效率，促进大数据征信在各个领域的应用、发展。

---

[1]　MPI 原本是一种基于消息传递的高性能并行计算编程接口，在大数据处理技术与平台出现前，业界也使用 MPI 进行大数据的并行化编程与计算。然而，因为 MPI 缺少良好的架构支撑，程序员需要考虑包括数据存储、划分、分发、结果收集、容错处理等诸多细节，这便使得并行化编程计算的自动化程度较低、程序设计较为复杂、程序员负担较重。

[2]　例如，2013 年推出的 Spark 就是具有高效计算性能以及很好兼容性的常用的大数据计算模式。

第二节　大数据征信在信贷领域的应用现状

一、大数据征信在个人信贷领域的应用现状

　　大数据征信在个人信贷领域的应用可以通过个人征信机构的发展现状来体现。我国央行 2015 年初印发了公告①，通知 8 家征信机构做好个人征信业务的准备工作。这些征信机构既有老牌传统资信评级企业，如中诚信、鹏元，也有新兴的互联网巨头，如阿里巴巴、腾讯，他们从业时间长短不一、数据来源各异，但在个人征信业务的具体规划上，8 家公司皆具有"互联网"和"大数据"的特征，旨在将个人大数据征信推展开来。然而，由于我国互联网金融业态的不稳定以及 8 家机构自身准备情况不足等原因，我国央行未向其中任意一家颁布个人征信牌照。

　　但大数据为征信实践带来的影响和机遇是有目共睹的，我国央行在权衡各方利弊的基础上，于 2018 年 1 月 4 日，为百行征信有限公司颁发了我国的首张个人征信牌照。中国互联网金融协会持股 36%，是百行征信有限公司的最大股东，其余股份由 2015 年央行指示的 8 家个人征信预备机构均分，每家机构持股 8%②。央行文件显示，百行征信的服务对象主要为从事互联网金融个人信贷业务的机构，除此之外，也包含相关金融监管部门、传统金融机构及借贷个体等。在百行征信建立之前，借款者在银行等金融机构的所有借贷行为都记录在央行征信数据库中，但借款者在线上产生的交易行为及其他数据却没有被央行征信数据库收入。因此，百行征信的建立对于整合个人线上数据，以及促使线上与线下数据的融合具有重要意

---

　　① 来自央行文件——《关于做好个人征信业务准备工作的通知》。

　　② http：//www.pbc.gov.cn/rmyh/105208/3456248/index.html。

义。之前 8 家个人征信机构垄断着个人消费者在某一方面的数据，例如，腾讯拥有消费者的网络社交数据、阿里坐拥个人消费者网上购物行为数据，等等。它们之间缺乏统一的信息标准，信用信息的共享和迁移受到很大阻碍，百行征信公司的建立，促使各大拥有海量、高价值的个人消费信息的机构形成统一联盟，在个人征信领域形成合力，更有利于个人信用信息的整合与共享。

在信用卡领域，正是由于大数据征信的推动，互联网虚拟信贷产品（如花呗、白条）俘获大批网民，银行相继推出虚拟信用卡，主打网络支付，包括早期浦发银行的"E-GO 卡"、中国银行的"中银长城 e 闪付卡"、建设银行的"龙卡 e 付卡"等。目前银行虚拟信用卡产品的数量已较为丰富，使用也非常便捷、安全性高，可能会得到越来越多信用卡用户的青睐。目前仍有大部分的城商行和农商行未开展信用卡业务，相信在各领先银行推行信用卡获得良好成效的示范作用下，更多银行会采取跟随策略，加大信用卡推广力度。

由此可见，作为对传统征信的有效补充，大数据征信在个人信贷领域已经有了一定规模的应用和发展，并已得到我国监管部门的重视。但由于我国征信业还处于起步阶段，各方面的制度建设及保障还存在一定程度的缺陷，尤其是大数据征信在个人信贷领域的应用涉及极其敏感的个人隐私、数据安全等问题，我国监管部门对其发展采取谨慎、保守态度。

二、大数据征信在中小企业信贷领域的应用现状

虽然国外征信行业中的大型机构都是做企业征信的，且做企业征信的利润较高，但在国内，征信在企业信贷领域的应用并未引起广泛关注，大数据征信在企业信贷领域的应用也明显落后于其在个人信贷领域的应用。

自 2013 年企业征信备案制实施到 2016 年央行暂停此项制度，我国共有 145 家机构备案，其中 22 家机构因违规被注销，有效机构为 123 家。从

我国企业征信机构的角度看，以和各类放贷机构实际合作的情况为依据，目前我国在企业征信领域综合实力较强的大数据征信平台有：上海资信、芝麻信用、同盾科技、百融金服及鹏元征信等[①]。大数据征信在企业征信领域的应用专长即为中小企业征信。例如，芝麻信用 2016 年推出的"灵芝"系统，作为传统征信的有效补充，专注于我国中小企业的信用评价和预测。芝麻信用的核心竞争力为数据与计算能力，通过发挥其核心优势，使中小企业的信用得到证明，同时帮助放贷机构更好地了解中小企业。还有一些规模较小，但深耕于中小企业大数据征信的机构，例如，金电联行信息技术有限公司。金电联行作为首批获得我国央行企业征信备案的第三方企业征信公司，是我国第一家具有自主知识产权信用的信息云服务平台；第一家提供第三方信息价值链服务模式的征信机构。至今，金电联行已经为我国成千上万家中小微企业提供了信用融资服务，在累计高达 80 多亿元的纯信用授信中，迄今为止未发生任何不良贷款记录。除此之外，金电联行还运用大数据技术为金融机构提供贷后风险监管服务，例如，2017年为广发银行、国家开发银行等提供了 300 多亿的监管服务。

2018 年 11 月，我国企业征信机构备案制重新放开，7 家新的征信机构获得备案，截至 2019 年 1 月获得备案的企业征信机构的概况如表 3-1所示。

表 3-1　2018 年获得备案的企业征信机构概况（截至 2019 年 1 月）

机构	备案时间	地区	主要股东	股东行业	股东背景
福建品尚征信有限公司	2018 年11 月	福建	品尚电子商务有限公司（100%）	电商	七匹狼、鸿星尔克、福成等和民生电商共同创立；侧重于鞋、服装行业

---

① 资料来源于企查查网站信息，https：//www.qichacha.com/postnews_ 69f1a6fc69f66c28b0e3ff 9bcae8f155. html。

续表

机构	备案时间	地区	主要股东	股东行业	股东背景
安徽征信股份有限公司	2018年12月	安徽	安徽国元信托有限责任公司（31%）、安徽国厚金融资产管理有限公司（19.8%）、上海安硕信息技术股份有限公司（10%）、安徽省信用担保集团有限公司（5%）等	金融、数据服务等	省金融机构、地市政府平台、科技公司和省联合征信中心共同发起成立，国有股份占比70%以上
中电联（北京）征信有限公司	2018年12月	北京	中国电力企业联合会（100%）	电力	包括全国电力企事业单位、电力行业性组织及某些代表性电力企业
爱信诺征信服务有限公司	2018年12月	北京	航天信息股份有限公司（100%）	IT	中国航天科工集团有限公司控股，以信息安全为核心技术的IT行业高新技术国有上市公司
北京金堤征信服务有限公司	2018年12月	北京	北京金堤科技（天眼查）（100%）	数据服务	收录1.8亿家社会实体信息，信息维度涉及100多种
重庆百计信用管理有限公司	2018年12月	重庆	徐建双（51%）、杰英（49%）		
深圳前海征信中心股份有限公司	2019年1月	深圳	深圳平安金融科技咨询有限公司（90%）、深圳市平安置业投资有限公司（10%）	金融、保险等	隶属中国平安保险（集团）股份有限公司旗下

资料来源：根据公开资料整理而得。

从央行新备案的这几家企业征信机构的情况来看，我国企业征信机构的备案门槛正在不断提高，监管部门越来越重视征信机构的背景和数据实力。从征信机构的背景来看，7家企业征信机构的股东多为国有企业、上市公司或其他行业的知名公司，征信机构的正规性、合法性得到保障；从征信机构的数据实力来看，7家企业征信机构的股东分布于金融、鞋、电力、IT和服装等各个行业，福建品尚征信有限公司的股东——品尚电子商务有限公司掌握着海量的鞋、服装行业数据；安徽征信股份有限公司着重于安徽省内数据采集；中电联（北京）征信有限公司的股东——中国电力联合会——拥有电力行业的主要数据；北京金堤征信服务有限公司的股东为北京金堤科技有限公司，它的全资控股公司——天眼查的数据维度涉及企业背景、经营信息、企业发展和风险信息等各方面，包括大量的地方企业数据及行业数据。由此可知，我国企业征信的数据采集维度和差异度不断拓宽，非金融数据的采集正不断深化，大数据征信在企业征信领域的应用得到重视。

第三节 大数据征信对信贷的影响效应

征信是解决信息不对称问题的关键。金融信息研究所所长李晓枫（2014）曾指出，中小企业融资难的问题表面上看是缺钱，实质上是缺信息、缺信用。完善的征信系统可以为信贷市场上的授信主体提供真实、公正、客观、便利的信用信息及评价结果，但由于我国征信业还处于起步阶段，传统征信在征信数据和评价方法上存在一些问题，阻碍了其为信贷市场服务的功能的发挥。我国传统征信在信贷领域的局限性主要体现在无法给缺乏信贷历史的个人或财务信息不透明的中小企业有效的信用评价。

具体来讲，在个人信贷领域，我国传统征信主要依靠央行征信管理局建立的个人信用信息数据库，其数据主要来自商业银行的报送，因此只包含受信者的信贷历史数据。但对于我国4.6亿无有效信贷记录的个人①来说，以较低成本和较高准确性获得相应的信用评价，是传统征信近期难以解决的问题。在企业信贷领域，传统征信的信用评估模式主要围绕中小企业的资信、财务、经营、担保情况，企业主个人、家庭的信用状况进行分析。资信方面主要依托人民银行建立的征信系统，通过查询企业信用信息数据库及个人信用信息数据库中的信用报告了解中小企业的信用状况。但由于我国央行主导的征信系统覆盖面有限②，众多没有信贷记录的中小企业并没有可靠的资信报告。在财务数据方面，很多中小企业在申请贷款时提供不了详细、完整的财务报表，即使可以提供财务报表，其信息的真实性仍缺乏认证，并不能作为授信机构授信的直接依据。在中小企业经营方面，需要银行等授信机构派专门人员到现场，调查其生产、销售、采购等情况，以了解、跟踪中小企业经营状况，费时费力、成本颇高。担保情况是传统中小企业信用评价的重要依据，然而由于中小企业自身实力不强，往往不具备有效的抵质押担保，使其融资准入门槛变高。总的来看，我国传统中小企业信用评估主要考察企业的基本素质、偿债能力、盈利能力、经济效益和发展前景等因素，以财务数据为核心，主要通过抵质押担保等途径防范信贷风险，而这种方法的效率极低。数据不足、财报失真、抵质押资源不足等问题阻碍了很多授信机构对中小企业提供贷款，贷后的跟踪评级难的问题更让银行等授信机构对小微信贷望而却步。除此之外，我国传统征信还存在信用档案中的信用数据更新慢、可靠性不高等问题：一部分数据库中的中小企业已倒闭或被吊销执照，但并未即时更新；另一部分中小企业主缺乏信用意识，在建立信用档案时蓄意隐瞒、谎报相关信息，影响了数据库中的相关信息的真实性（林平，2014；张心月，2017）。与此同时，由于违约数据共享的限制，传统征信在违约惩罚机制上有所欠

① http：//baijahao. baidu. com/s? id＝1631659141139376145&wfr＝spjder&for＝pc.
② 2017 年数据显示央行征信系统中有贷款记录的企业和个人分别只有 1300 多万户和不到4.3 亿人。

缺，使得中小企业的融资环境进一步恶化（王浩，2016）。

缺乏信贷记录的个人及财务信息不透明的中小企业的信用评估是我国传统征信最薄弱的一环，想要缓解授信机构与个人及中小企业之间的信息不对称，解决个人及中小企业"征信难"问题必须从信用信息的来源、信用数据的建设、信用评价方法等方面创新传统征信。2015 年，我国正式开始了征信市场化的进程，所有的民营征信机构（包括个人征信和企业征信机构）都在强调自身的大数据优势。大数据征信真正在我国征信市场中有所体现（李辰，2016），因此本小节对比了 2015 年前后，个人信贷及中小企业信贷的发展状况，以阐明大数据征信对信贷的影响效应。

一、大数据征信对个人信贷的影响效应

信用卡业务是个人信贷的重要组成部分，也是大数据征信应用的重要领域，因此本小节以我国 2009~2017 年信用卡业务的发展情况来说明大数据征信对个人信贷的影响效应。传统的信用卡审核主要依赖申请人填写的相关信息，不仅信息含量小，审核时间和审核成本也较高。大数据征信背景下，银行开始与互联网巨头进行联姻，通过发展金融科技，即运用大数据、云计算、人工智能等先进技术手段获取大量申请人的信息，推动银行审核、降低运营成本、提升风险管理能力，实现更为高效的金融服务。最引人注目的是 2017 年五大行与互联网五巨头分别形成了一对一的"结盟"关系，建设银行联姻阿里巴巴、工商银行联姻京东集团、农业银行联姻百度、中国银行联姻腾讯、交通银行联姻苏宁。其他银行如兴业银行成立兴业数金、平安集团成立金融壹账通、招商银行成立招银云创，都在一定程度上借助金融科技发展大数据征信，信用卡既能产生大数据又依赖大数据进行精细化风控与运营，是金融科技的首选载体。目前部分银行的网申发卡量已占新增发卡量的 2/3 以上（有的银行甚至全面转向了网申），借助大数据征信与智能审批决策平台，网申首卡自动审批率近 90%。比如，招商银行信用卡中心目前已有智能额度服务体系、消费信贷产品智能推荐引

擎产品等业内首创的金融科技产品。中信银行信用卡中心开发了风险智能决策 2.0 系统，实现信贷审批即时化；与科大讯飞展开合作，探索人工智能信用卡、新一代客服系统建设、金融风险防范控制，客户身份识别、智能投资顾问等。近年来，随着大数据征信的不断深入，信用卡贷款呈现以下主要特征与趋势：

1. 大数据征信对信用卡规模的影响

从图 3-2 可以看出，2008～2017 年我国信用卡发卡量呈现上涨趋势，由 2008 年的 1.42 亿张增至 2017 年的 5.88 亿张，并且可以较为明显地看出在 2015 年，发卡量有一个小幅的下降，而 2015 年属于大数据征信发展的元年，可以猜想是由于大数据征信对申请人的信息审核更为严格导致审批率下降，影响了发卡量的增加。但是在 2015 年之后，随着大数据征信的运用更为广泛和深入，极大地促进了信用卡的审批效率，发卡量随之增加，特别是在 2017 年迎来了大幅的提升。从图 3-3 可以看出，2009～2017 年我国信用卡授信总额和应偿信贷余额持续增长，其中，授信总额由 2009 年的 1.3635 万亿元增至 2017 年的 10.37 万亿元，翻了 3 倍；而应偿信贷总额则由 2009 年的 0.2458 万亿元大幅增至 2017 年的 5.56 万亿元。可以看出，我国商业银行信用卡规模在过去的几年中发展迅猛，特别是随着大数据征信的进一步发展与渗透，这一趋势必将持续。

2. 大数据征信对信用卡贷款成本的影响

信用卡贷款成本包括放款银行和贷款者两个方面。放款银行方面的成本主要为获客成本，2017 年的调查结果显示，我国信用卡的线下获客成本逐年攀升，相较之下，主要依赖于大数据征信的线上获客成本却拥有接近 1/2 的成本优势[①]。除此之外，在 2017 年信用卡的新增发卡量中，通过网上渠道完成的任务量占总数的 60%，特别是在零售业务发展较好的招商银行、光大银行、中信银行、交通银行等银行中，线上渠道的发卡量更高。因此，大数据征信对于银行信用卡业务的发展具有重要意义。贷款者方面

---

① 数据来自融 360 网站。

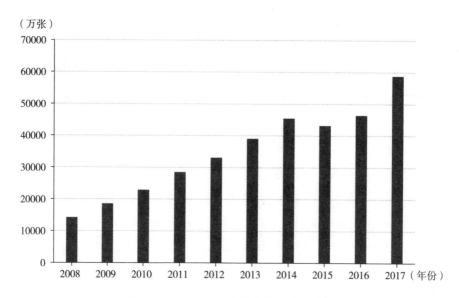

（万张）

图 3-2 2008~2017 年我国信用卡发卡量

资料来源：国泰安数据库。

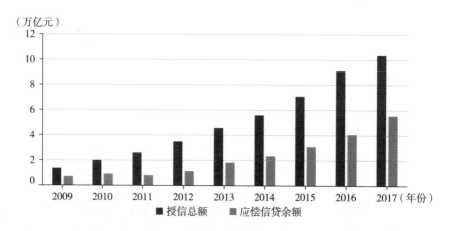

（万亿元）

■ 授信总额　■ 应偿信贷余额

图 3-3 2009~2017 年我国信用卡授信总额和应偿信贷余额

资料来源：国泰安数据库。

的成本主要为付给银行的利息和非利息手续费：利息指持卡人还款超过信用卡免息期产生的利息收入，各家银行的年化利率普遍为 12.775% ~

18.25%（日利率：3.5‰~5‰）；非利息费用则包括年费、违约金、分期业务手续费、取现手续费、境外交易手续费等。信用卡费率一直以来都明显低于银行的现金分期和交易分期业务，近年来，各银行信用卡收费费率也处于不断下降中，特别是《中国人民银行关于信用卡业务有关事项的通知》[①] 于2017年1月1日正式实行之后，银行对于信用卡的经营和管理拥有了更多自主权。目前大部分银行的信用卡年费可以通过年消费3笔获得减免，账单分期手续费率以12期的单期手续费率为例，各银行基本保持在0.60%~0.75%，并且不少银行会通过大数据征信识别优质客户，对其实行针对性手续费折扣等活动。可以说，信用卡业务依托大数据征信的发展大大降低了交易成本和贷款者的借贷成本。

3. 大数据征信对信用卡贷款质量的影响

如图3-4、图3-5和图3-6所示，2017年末我国信用卡逾期半年未清偿信贷总额占信用卡应偿信贷总额的1.26%（2016年为1.40%），较上年末下降0.14个百分点。逾期半年未偿信贷总额占信用卡应偿信贷余额比例和信用卡贷款不良率均在2012年达到低点之后有所上升，直至2016和2017年再次下降，这些都与大数据征信的广泛使用密切相关。

二、大数据征信对中小企业信贷的影响效应

大数据时代已然到来，作为传统征信的有效补充，大数据征信可以创新解决中小企业"融资难"的方法，把中小企业存在于经济往来、日常管理甚至社会生活中无形的信用化为自身的资本，为许多具有发展潜力的中小企业提供真实可信的信用证明。

大数据和征信有着天然的联系。我国央行主导的传统征信体系已建设了20多年，近几年大数据的兴起让我国征信业有了飞跃性的发展。大数据

---

① 与此前的规定相比，此通知规范了信用卡违约金等费用的收取，放开了免息还款期和最低还款额待遇的条件和标准及信用卡透支的计结息方式、溢缴款处理方式等，由发卡机构自主确定；并对信用卡透支利率实行上限和下限管理，允许发卡机构自主浮动。

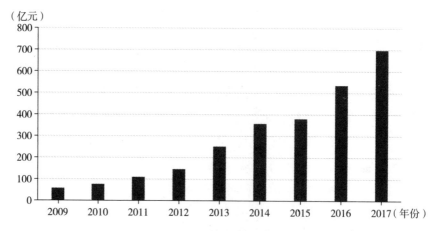

图 3-4　2009～2017 年我国逾期半年未偿信贷总额

资料来源：国泰安数据库。

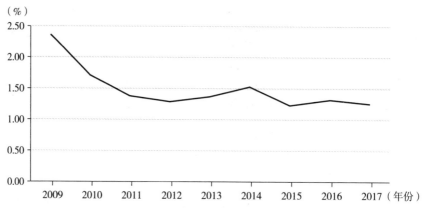

图 3-5　2009～2017 年我国逾期半年未偿信贷总额占信用卡应偿信贷余额比例

资料来源：国泰安数据库。

的本质就是以海量数据为基础，对其进行整理和分析，挖掘数据背后隐藏的信息以供决策者参考（刘海二，2015）。大数据最大的价值在于"创造"以及加工后数据的"增值"。相应地，征信的实质也是对信用数据的挖掘、分析、整理，并加工成有"价值"的征信产品以供授信者参考。加入大数据后的征信，可以利用多维度的信用信息，运用大数据技术重新设计征信的评价模型和算法，在传统信用数据——财务数据的基础上增加行为信

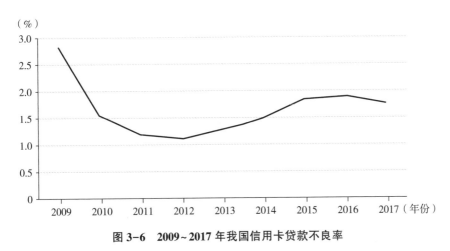

图3-6 2009～2017年我国信用卡贷款不良率

资料来源：国泰安数据库。

息、社会关系信息、地址信息等半结构化数据和非结构化数据，形成对企业和企业主的信用评价。

大数据征信的创新在于将中小企业海量的非结构化数据及半结构化明细数据进行集中采集，按照统一标准进行整合，建成分布式架构的数据库。特色之处在于对海量数据进行分布式的自动挖掘，利用数据库中的数据进行数学建模，提取其特征变量，形成不同的特征值，放到不同特征数据分库中，形成许多分类的数据仓库，由于数据的体量巨大，统计结果更趋近于真实值。通过模型计算及数据分析得出更加科学、合理的企业信用评分，为授信机构提供更科学的参考服务。与此同时，大数据技术的运用使得征信市场得以细分，在中小企业融资领域，可以针对中小企业的行业特征和业务模式，提取相关数据并结合中小企业业务上下游关联方的信息，构建专门针对中小企业的信用评价体系，有效地补充我国传统征信无法覆盖到的领域。

利用大数据征信，中小企业融资可以减少抵押甚至无须担保，企业只要诚信经营、可持续发展，就能够通过大数据信用评价结果获得银行贷款。这大大降低了中小企业融资的门槛，使很多无固定资产但理念创新、无法通过传统信贷模式获得贷款的中小企业，获得授信机构的资金支持。

相比联保、互保等其他融资模式,大数据征信提供了更为根本和有效的途径。相互担保、连环担保、交叉担保等融资模式实际风险四伏,很容易出现个别企业资金链断裂造成一批企业陷入担保圈风险的情况。而大数据征信提供了相对客观、清晰的因果分析,能有效化解授信机构与中小企业之间的信息不对称问题。因此,作为传统征信的有效补充,将大数据征信在传统征信的薄弱环节——中小企业信用评估方面进行应用和拓展,势必可以为解决我国中小企业"融资难"问题打开一个突破口。

1. 大数据征信对中小企业信贷规模的影响

从万德数据库所得的我国 2009~2017 年中小型企业贷款余额的总量上看,大数据征信的应用与推广对我国中小企业信贷规模的增长有一定的促进作用。

小型企业的贷款余额在 2009 年仅为 54310.21 亿元,在 2010 年和 2011 年有了大幅提升,是我国 2010~2017 年小型企业贷款余额增长最迅速的两年,分别为 72732.06 亿元和 104150.79 亿元。如图 3-7 所示,2010 年和 2011 年我国小型企业贷款余额增长率分别为 33.92%和 43.20%。这可能与我国政府当时的扶持政策相关。但在之后的 3 年,政府的扶持力度下降,我国小型企业贷款主要依靠市场机制,其贷款余额的增长明显放缓,2012 年甚至出现负增长趋势,整体增长率保持在 15%左右。而在 2015 年之后,大数据技术逐渐渗入征信实践,我国小型企业的贷款余额增长率明显增长,保持在 19%左右。与此同时,我国中型企业的贷款余额在近几年也呈现出相同的发展趋势。2009 年,我国中型企业的贷款余额仅为 81853.98 亿元。如图 3-8 所示,2010 年、2011 年和 2012 年,由于政策支持的原因,中型企业的贷款余额有了大幅提升,增长率分别为 20.53%、8.99%及 31.90%,贷款余额分别为 98657.38 亿元、107524.41 亿元及 141825.95 亿元。而在之后的三年间,平均增长率只有不到 10%,但是在 2016 年大数据征信技术在我国广泛应用之后,我国中型企业贷款余额的增长率明显增长,2016 年的增长率为 10.39%,2017 年的增长率为 19.56%。

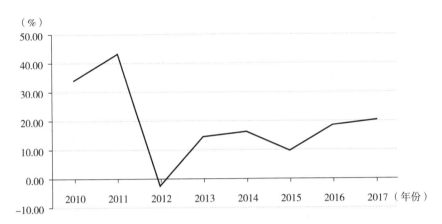

图 3-7　2010~2017 年我国小型企业贷款余额增长率

资料来源：万德数据库。

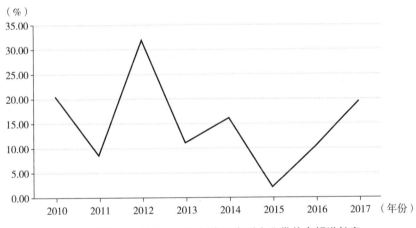

图 3-8　2010~2017 年我国中型企业贷款余额增长率

资料来源：万德数据库。

2. 大数据征信对中小企业信贷质量的影响

由万德数据库中我国 2010~2017 年中小企业信贷的不良率①来看，

———————

① 根据中国人民银行的分类，1998 年 5 月，中国人民银行制定了《贷款分类指导原则》，要求商业银行依据借款人的实际还款能力进行贷款质量的五级分类，即按照风险程度将贷款划分为五类：正常、关注、次级、可疑、损失，后三种即次级类、可疑类、损失类为不良贷款。

2015 年大数据组征信技术及模式的应用，在一定程度上提高了我国中小企业的信贷质量，使其不良贷款率有了一定的下降趋势，具体如图 3-9 所示。

如图 3-9、图 3-10 所示，小型企业与中型企业的不良贷款率整体发展趋势相同，2010~2012 年均有小幅下降的趋势：小型企业的不良贷款率从 2010 年的 2.11% 下降到了 2012 年的 1.77%；中型企业的不良贷款率从 2010 年的 1.98% 下降到了 2012 年的 1.38%。但 2013~2015 年，我国中小企业的不良贷款率都有了明显的上升趋势，小型企业的不良贷款率从 2013 年的 1.87% 上升到了 2015 年的 2.76%；中型企业的不良贷款率从 2013 年的 1.38% 上升到了 2015 年的 2.46%。在这之后，2016 年我国中小企业的不良贷款率分别为 2.52% 和 2.69%，2017 年又分别降到了 2.33% 以及 2.54%。由此可见，在 2015 年我国征信实践深受大数据的影响、大数据征信被广泛应用之后，我国中小企业的不良贷款率都有了不同程度的下降趋势，且小型企业的不良贷款率下降趋势较明显。

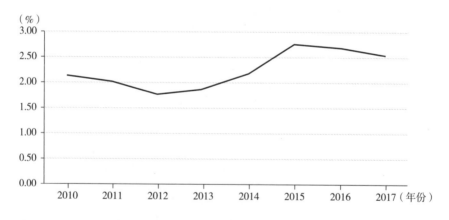

图 3-9　2010~2017 年我国小型企业不良贷款率

资料来源：万德数据库。

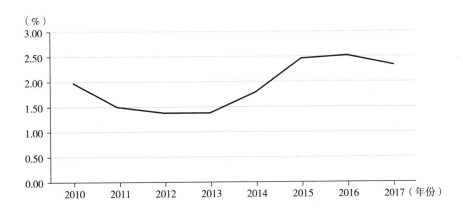

图 3-10　2010~2017 年我国中型企业不良贷款率

资料来源：万德数据库。

大数据征信影响信贷的作用
机理及现实路径

第二章回顾了征信及大数据征信的相关理论研究，并对大数据征信及其对个人及中小企业信贷的影响的相关文献进行了梳理，认为大数据征信频频成为社会关注的热点，但相关研究还处于探索阶段。通过第二章对相关研究的梳理以及第三章对大数据征信实践的分析，本书认为大数据征信创新了传统征信只考虑信贷数据和财务数据的思维模式，运用海量数据及数据挖掘等技术，可以为传统征信无法有效覆盖的部分个人及中小企业提供更好的征信服务，为个人信贷及中小企业信贷提供有效支持。本章从信息不对称、交易费用和声誉三个视角构建了大数据征信影响个人及中小企业信贷的作用机理。

第一节　基于信息不对称视角的作用机理

在传统的经济学理论中，达到帕累托有效的前提是市场上的信息具有完备性和对称性。而在实际经济交易中，由于交易双方对各方面信息的了解程度不同，掌握信息更多的一方势必要比另一方具有更多优势，信息不对称现象也就随之发生。信息不对称可以按交易活动发生时间的前后进行划分，发生在交易活动之前的信息不对称容易导致逆向选择问题，交易活动之后的信息不对称会导致道德风险问题。

逆向选择问题是美国经济学家阿克洛夫在研究二手交易市场时提出的。在个人及中小企业的信贷中，个人及中小企业的贷款者在传统的征信模式下，往往存在信用等级较低或没有信用记录的情况。因此，个人及中小企业是拥有信息优势的一方，没有谁比他们自己更了解自身的信用水平，但传统的银行机构却对其信用水平的掌握相对较少。例如，对于一些财务数据不健全的中小企业，如果按传统征信模式来看，首先，传统征信依赖企业的财务数据，但这些企业的财务数据要么没有、要么不健全、要么真实性有待考察；其次，如果帮助企业建立财务报表再评价信用，其付出的人力成本、考察成本等都过高，可能会侵蚀自身收益；最后，即便构建了评价信用的体系，也可能由于银行机构调查员、审贷员等和被评价人员之间可能存在的合谋行为而产生道德风险问题。基于交易前的信息不对称视角，征信应当更为准确地描述、刻画个人及中小企业的信用水平。

道德风险问题中发生违约的一方通常是拥有信息优势的一方。在贷款的交易过程中，银行可能会面临贷款者收到所借款项后，贷款者改变借款用途或是不履行还款义务。因此，银行在贷款时需要个人及中小企业提供担保或是抵押品、对其实施监督作为对道德风险的防范。

在大数据征信模式下，大到宏观经济数据、城市交通数据，小到一个人的消费习惯、身体状况、社交行为等信息都可以作为评价一个人信用状况的依据。在传统征信模式下，信贷数据多是线下数据，而大多数情况下线下数据也没有收集完全。大数据征信最主要的特征就是对个人和企业的信用进行全方位的数据挖掘。在大数据征信中，不仅包括结构化数据，还包括各种各样的非结构化数据，比如：腾讯、微信等社交软件上的社交数据，淘宝、京东等电子商务平台上的数据，水费、电费等数据。换句话说，大数据征信使得评价个人及中小企业信用的信贷数据得到扩展，这些数据来自于日常生活中的方方面面，而不是某个具体领域。

随着"互联网+大数据"技术的发展，可以评估借款者信用状况的数据范围不断扩大，突破了传统征信以历史借贷信息、财务数据为核心的评价模式。首先，在交易前的信息不对称方面，大数据征信通过纳入个人及中小企业的行为等非结构化数据，扩展信用评价的信息维度，一方面通过全方位的数据分析可以更为精确地判断个人及中小企业的信用水平，另一方面也为那些没有财务数据的个人和中小企业，或者说不在传统征信评价范围内的个人及中小企业提供信用评价。这样，大数据征信就可以有效缓解信贷交易前双方的信息不对称问题，减少逆向选择问题的发生，使得中小企业和个人更容易获得贷款。其次，在交易后的信息不对称方面，大数据征信的风险控制是通过以大数据为基础构建的模型对个人和中小企业的信用进行实时监控。这是因为大数据征信采用非结构行为数据所构建的主体的行为模式可以预测个人及中小企业的未来行为，从而判断其履约的能力。

综上所述，基于信息不对称视角，大数据征信一方面通过提高信息维度，以全方位数据更精确地测度信用水平以缓解交易前的信息不对称；另一方面通过模型的预测能力实时监控信用水平的变化以缓解交易后的信息不对称。

第二节　基于交易费用视角的作用机理

交易费用理论是 Coase（1937）提出的，其思想核心是：一项经济活动由什么样的经济组织来协调是由该组织的交易费用来决定的。Williamson（1975）对交易费用进行了进一步细分指出，可以从信息获取成本、谈判成本、签订合同的成本等方面研究经济交易中的费用。后来也有学者从事前交易费用以及事后交易费用两方面来展开研究（Crook et al.，2012；Klapper et al.，2014）。

在个人及中小企业信贷中，银行为获取个人及中小企业的资信情况而产生的信息获取费用，以及贷款审批等费用构成了信贷交易的事前费用；

发放贷款后的监督费用，以及坏账后的处置费用等构成了银行信贷交易的事后费用。在传统征信模式下，对于个人来说，银行更希望个人能够提供抵押品或担保，即便是信用卡类业务，也需要个人的资信信息体现在传统征信体系中，这都是为了减少事前的信息搜集费用、事后的监督费用等，也降低了贷款者的违约风险；对于中小企业来说，银行可能会因为中小企业的信息搜集成本比大企业的信息搜集成本高，且一些中小企业不能提供抵押品和担保，从而拒绝为中小企业贷款。相较之下，大企业因为具有较完善的管理结构及良好的信用记录，所以信息搜集的成本和贷后的监督成本较低，因而更容易从银行等金融机构处获得贷款。

在上一节的分析中可以知道，大数据征信可以降低信息搜集成本、监督成本。而基于交易费用视角，仅有银行和贷款者的信贷制度是无法有效降低交易费用的，但以大数据征信技术为核心的第三方征信服务平台可以显著降低借贷双方的交易费用。在贷款审核时，授信机构可以通过第三方大数据征信机构做信用评级，而事前的大多数交易费用都由第三方征信机构承担。例如，银行为贷款者办理信用卡类贷款，如果贷款者在传统央行征信记录中没有信用记录，就可借助第三方大数据征信机构来进一步衡量贷款者的信用水平，在发放贷款之后，第三方大数据征信平台也可以起到事后监督的作用，降低相关风险，从而降低银行的事后交易费用。

第三节 基于声誉视角的作用机理

美国著名学者 Eugene F. Fama 在 20 世纪 70 年代末提出的"经理市场竞争"作为激励机制的想法将声誉理论正式引入经济学领域，他指出即使没有企业内部激励机制，经理们出于对外部市场的压力（即声誉）以及今后职业前途的考虑，也会努力工作。在这之后，学者们对于声誉理论和模型的研究便蓬勃发展。对于企业来说，信用可能更多地体现为商誉。

Nurmi（2005）研究提出，企业经营者的信用行为是商誉的核心体现，这能够为企业带来收入，就是对企业的声誉赋予了资本的含义。另外，在个人方面，Guerra（2003）认为个人在经济市场上的交易、行为等信息从经济学视角来看都具有很高的市场价值，也是一种资本。Macaulay（1963）、Klein（1981）和 Leffier（1981）认为在市场上从事经济行为的经济主体的声誉就是该经济主体本身的一种资本，即声誉资本。声誉资本是个人或组织的信誉货币化后产生的价值，即声誉资本是与货币资本、物质资本一样的资源，可以为个人或组织带来一定额度的信贷资源。换句话说，就是个人或组织所拥有的声誉可以转化为以货币衡量的融资，声誉是一种资本。

大数据征信系统在个人及中小企业信用洞察方面具有毫秒级的计算速度，依靠神经网络等人工智能可以极速、零时差地进行个人及中小企业的信用评估和风险识别，一旦数据源有更新，大数据征信系统即可实时更新至银行等合作伙伴，便于第一时间发现可能出现的问题的苗头。除此之外，大数据征信数据源及评价结果的不断更新可以源源不断地形成个人及企业信用评估的体系，将借款人的每一次信用行为都记录在案，形成一个长期、连续的过程。由声誉模型可知，信用交易的连续性越强，借款者的声誉价值越高，借款者的声誉价值越高，其守信的激励越大，违约的可能性越小[①]。

大数据征信不仅能够进行实时的信用评估及风险识别，也可以通过多元场景的互通互联，起到约束失信个人和企业，促使他们履行义务的作用。征信连接的数据来源和场景越多，信用的分享才越有效，对失信者的威慑力以及对守信者的激励效果才越高，即声誉价值越大。丰富的应用场景，使得大数据征信成为一个"连接器"，从经济领域到其他各种生活场景的拓展，既丰富了大数据征信的数据来源，也让其和很多场景形成了"让守信者畅通无阻，让失信者进寸步难行"的协同效应。

---

① 根据声誉模型，如果受信方参与的信用交易活动是一次性的，那么不守信型受信方不会守信，会违反合同规定，做出损害授信方利益而使自己利益最大化的举动；如果受信方涉及的信用活动是多期的，即使是本质上不守信的受信方，为了追求长期的利益，也会在自己最终的信用活动结束以前一直采取守信的策略。

因此，基于声誉资本理论，大数据征信的实时监测动态评估以及多元场景的联通，能对个人及中小企业的行为进行更为有效的约束，从而提供更为有效的激励与惩罚机制，并提高信贷市场上的声誉价值，使个人及中小企业为了维持较好的声誉以更好地获得贷款而约束自身的行为。

总的来说，如图4-1所示，大数据征信会促进个人及中小企业的信贷，主要体现在交易前可以运用非结构化、全方位的数据评价中小企业及个人信用，评价结果相对准确，使信用资本化，而且信息的搜集成本、人力成本相应有所减少，从而降低逆向选择问题；在交易后则可以通过实时监测来降低贷后的监督成本且不再需要抵押品和担保品，从而有效减少道德风险问题。再者，以大数据技术为核心建立起的第三方大数据征信机构，运用自动化的信息技术提高信息共享效率，可以降低事前和事后的交易费用。

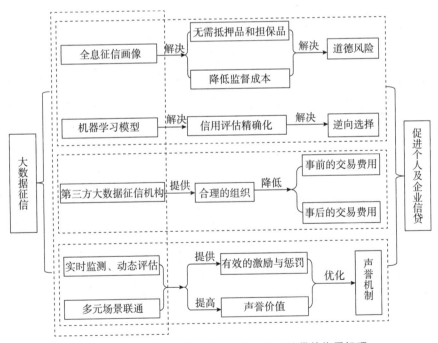

图4-1 大数据征信影响个人及中小企业信贷的作用机理

第四节　大数据征信影响信贷的现实路径分析

大数据征信的基本理念是"一切数据皆信用"，其主要利用集成学习策略以及机器学习预测模型等技术，从所能获取的信息中最大限度地挖掘与借款者信用状况相关的信息。大数据采集技术以及大数据分析模型是大数据征信对信贷产生影响的两条现实路径，这两条现实路径使无形信用的资本化成为可能，提升了信用信息的共享程度，降低了信用信息的共享成本，从而使信用状况良好的个人及中小企业获得更有效、更便利的信贷服务。

一、大数据采集技术

通过大数据采集技术，大数据征信可以从更丰富的渠道获取信用信息，除了传统银行征信体系中的信贷信息、财务信息外，所有可以反映借款者信用状况的信息，例如其社会关系、地址信息、行为数据等都可以被采集，拓展了信用信息的广度和深度，实现了信用信息的多元化和创新性。

传统征信主要使用的是线下信息，而且出于对信息搜集成本控制的考量，通常只采用与个人或企业信用状况强相关的信息，也就是信用强相关变量，从而忽略了很多也可以反映企业或个人信用状况的、相关性较弱的变量，也就是信用弱相关变量。我国传统征信机构（以央行征信为主）通常仅用 10~20 维的数据，利用信用评分卡、线性回归等方法来判断个人及企业的信用状况；大数据征信所采用的信用信息来源多元化，在传统信用信息来源的基础上还囊括了来自第三方合作伙伴提供的数据、互联网上的公开数据以及申报时个人授权的数据，例如社保缴纳记录、调查问卷记录等，还有企业的招聘信息、高管信息、相关媒体新闻等较边缘的信息。在我国传统征信实践中，央行征信并不能很好地为缺乏信贷记录的个人以及财务信息不健全的中小企业提供信用证明，银行对于缺乏信贷记录的个人及中小企业，只能通过其自身提供的信息做出判断，信息可靠性差、信息搜集成本高。大数据征信的全信息维度数据体系很好地解决了我国传统征信中部分个人及中小企业信用信息缺失的问题，有效地联通了银行等授信机构与个人及中小企业之间的信息鸿沟。在传统金融数据之外，大数据征信可以通过海量行为类、社交类等的非结构化信息，全方位了解个人及企业的信用状况，在一定程度上减少了授信机构与受信者之间的信息不对称，降低了放贷的风险，促进了我国个人信贷以及中小企业信贷健康、长远的发展，形成了一个良性合作模式。

如图 4-2 所示，大数据采集技术大大丰富了征信信息的内容和维度，具体来讲，大数据征信的信息来源可以分为三方面：首先是来自第三方合作伙伴提供的信息，这其中既有传统结构化信贷信息，也包含法律记录、搬家次数等非结构化信息；其次是互联网上的公开数据，通过爬虫技术获取受信者的网络行为、网络社交等数据，例如其网络购买行为、搜索行为、IP 地址等信息，这些行为信息可以侧面反映一个人的特征和性格，进而对其信用状况有一定的印证、提示作用，对于评价借款人的信用风险具有一定的帮助；最后是用户申请授信的授权征信机构的信息，例如其电话账单、调查问卷记录、水电煤气账单等①。大数据采集技术使得大数据征信可以有效收集、利用散布于各处的信用信息，使得从多方面甄别贷款者的特质成为可能，从而形成更为完整的贷款者的信用画像。

---

① 大数据征信的相关学者经研究指出，"半结构化数据以及非结构化数据就像客观世界的传感器"，可以体现出借贷人的真实社会关系及状况；在充分考虑贷款人借贷行为背后的线索及线索间的联系后，对其信用状况也就会有更深一步的了解和评判。美国著名大数据征信公司 Zest-Finance 的创始人曾指出："这些细节可以展示出一个人的性格，一个企业的经营、生产状况，单独看来可能并没有什么线索，但与其他成千上万的信息联系起来时，它就可以勾勒出难以置信的精确图景。"

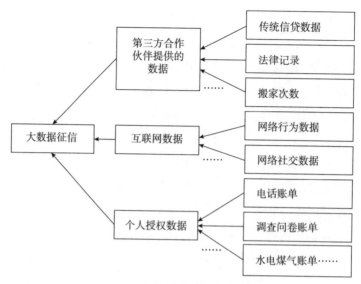

图4-2 大数据采集的基本原理

资料来源：根据网络公开信息整理而得。

二、大数据分析模型

大数据分析模型是大数据征信影响信贷的第二条现实路径。大数据分析模型的使用使得大数据征信可以将采集到的贷款者的海量信息进行统一标准化的整合和分析。如图4-3所示，笔者将这个过程分解为五步：第一步，将从各个信息源收集到的海量的原始数据整个录入系统；第二步，根据一定的信息标准，对原始数据进行转化，并定义各种数据的特征和属性；第三步，针对数据的不同特征和属性，对其进行处理和整合，生成模型的元变量，每个元变量分别反映了借款人某个的特征，例如是否有母婴消费、是否有游戏消费、是否有奢侈消费、消费金额排名等；第四步，在分析元变量之间的相关性的基础上将其输入到不同的模块中，以体现借款人某方面的特征，例如身份属性、履约能力、信用历史、行为特征等；第五步，根据具体情况对不同模块设定相应的权重并加总，形成最终的信用评分。

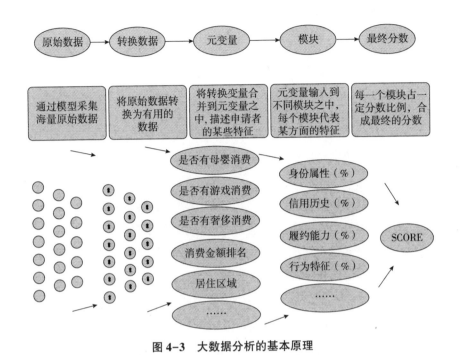

图 4-3 大数据分析的基本原理

资料来源：根据 ZestFinance 官网及李先瑞（2015）整理而得。

近年来，国内外许多大数据征信公司采用了这种基于大数据分析模型的信用风险评估方法。利用大数据分析模型对所收集到的海量、多维数据进行分析，在原始数据中提取出特征元变量，从而形成不同的特征值，根据复杂性理论中的相关性原则，对元变量进行模块化的整合与处理，进而得出相应的评判与分析。这种评判模型相较于传统简单线性模型来说，过程相对复杂，无法追根溯源评价结果与原始数据之间的直接关系，但正是这种集成千上万维数据于一体的大数据分析方法使得评判借款人信用风险的效率大大提升。研究证明，相较于传统的 Logistic 回归模型来说，大数据分析模型的评价效果更好。除此之外，由于整个数据加工和分析过程都是通过数据自动化的模型和技术完成的，一方面避免了主观因素的干扰，另一方面也实现了对借贷者信用状况的自动管理，形成了实时动态监测。虽然发展初期，利用大数据采集技术以及大数据分析模型会增加征信机构的投入成本，但从长期来看，这两项技术的运用可以提高征信实践的信息化和自动化，大幅降低授信过程中的人工成本，并有效地降低交易费用、防范道德风险，解决金融机构与个人及中小企业之间的信息不对称问题。

第五节　结论

首先，本章基于信息不对称、交易费用理论和声誉理论三个视角，分析了大数据征信对个人和中小企业信贷的作用机理，结果显示：从信息不对称理论来看，大数据征信一方面通过提高信用信息的维度，以全方位数据更精确地测度信用水平以缓解交易前的信息不对称，另一方面通过模型的预测能力实时监控信用水平的变化以缓解交易后的信息不对称；基于交易费用理论，以大数据征信技术为核心的第三方征信服务平台可以显著降低借贷双方的交易费用；基于声誉理论的视角，大数据征信的实时监测动态评估以及多元场景的联通，能对个人及中小企业的行为进行更为有效的约束，从而提供更为有效的激励与惩罚机制，并提高信贷市场上的声誉价值，使得个人及中小企业为了维持较好的声誉从而更好地获得贷款而约束自身的行为。

其次，本章总结了大数据征信影响信贷的现实路径，即通过大数据采集技术扩充了信用信息的来源、丰富了信用信息的内容，使得征信的广度有所增加，从而使传统征信无法有效覆盖的群体有获得信贷的可能性；通过大数据分析模型增加了信用信息的深度、提高了信用评价结果的全面性和准确性，使征信的深度有所增加，从而提高了以前无法被有效评估的优质借款者获得贷款的可能性。

大数据征信对个人信贷的影响研究

第一节　大数据征信对个人信贷影响的模型构建

一、分析思路

　　银行等金融机构与借款者之间有着典型的信息不对称问题。相对于放贷机构来说，借款者更了解自己的经济状况及偿还能力，是信息优势方；放贷机构一般只能根据自身积累的有限数据对借款者的风险进行评价，处于信息劣势地位。而由于借款者与放贷机构的利益目标不同，在信息不对称情况下，信息优势方就有可能牺牲信息劣势方的利益以增进其自身的利益。在个人信贷领域，借款者的还款能力和还款意愿是银行等授信机构考察个人信用状况的主要因素。但对于缺乏历史信贷记录的个人，鉴于信息不对称所带来的逆向选择和道德风险会严重损害银行的利益，在传统征信情形下银行很难对其进行授信，个人也就很难获得自己所需要的信贷服务。Stiglitz 和 Weiss（1981）基于信息不对称原理，通过对信贷市场上出现的逆向选择及道德风险现象的研究，提出了信贷配给理论。本小结在 Stiglitz 和 Weiss（1981）提出的放贷机构对个人进行放贷的基本模型的基础上，通过对比大数据征信有限参与放贷情形下及完全参与放贷情形下的信贷供需缺口和信贷成本情况，以说明大数据征信的引入有利于缩小个人信贷的供需缺口、降低个人信贷的成本，进而改善信贷配给状况，提高个人信贷的可获得性。

二、放贷机构对个人进行放贷的基本模型

当借款人出于某一资金使用需求需要向放贷机构申请贷款时，一般来说放贷机构难以获得关于该借款人收益风险的所有信息，从而导致放贷机构面临逆向选择问题。考虑这样一种情况，放贷机构具有无风险投资的机会，能够进入一个无风险收益的资本市场，并且能够获得资本回报率为 r。假设市场上有两类借款人 $b, b \in \{1, 2\}$，且这两类借款人的保留效用是恒等的，即 $w(1) = w(2) = \overline{w}$；假设借款人成功从贷款机构获得贷款额度的概率为 $\pi(b)$，此时放贷机构能够获得收益 $R(b)$；假设第二类借款人相比于第一类借款人具有更高的风险，一般来说更高的风险意味着更高的收益，因此，此时有 $\pi(1) > \pi(2), R(1) < R(2)$；再假设这两类借款人的预期效用是相同的，那么有 $\pi(1)R(1) = R(2)\pi(2) = \overline{R}$。另外，假设放贷机构提供的利率为 $i(b)$，如果借款人有能力偿还，则付给银行为 $i(b)$；如果借款人没有能力偿还，则不偿还，银行将一无所获，即信贷合同属于有限责任；假设不存在任何合同的实施问题，即如果借款人有能力偿还，贷款就会得到偿还，不存在借款人有能力偿还却拒绝偿还跑路的危险。关于还贷激励，Prana 和 Chistopher（2002）等提出了两种潜在的机制，第一种机制是所谓的"自我实施的合同"，其思想是贷款者之所以还贷，是因为担心他们一旦赖账，未来将无法再次借贷；第二种机制是创造社会制裁来惩罚，赖账人也会受到整个社会的广泛制裁（见图 5-1）。

放贷机构的预期效用为 $U(i, b) = \pi(b)(R(b) - i(b))$，假设放贷机构的预期收入为 $E\pi(i)$。

在具有逆向选择时，求解下列问题中 $i(b)$ 的最大化解即为竞争均衡

状态，其中$\forall_b \in \{1, 2\}$，

$$\max_{i(b)} \pi(b)(R(b)-i(b))$$

约束条件是：

$$E\pi(i) \geq r;$$

$$\pi(b)(R(b)-i(b)) \geq \overline{w}$$

由第二个约束条件中$\pi(b)<1$，不难得出：

$$\overline{R}-\pi(b)i(b) \geq \overline{w}$$

假设$i^*(b)$为借款人愿意支付的最高利率，$i^*(b)$由$\overline{R}-\pi(b)i^*(b) = \overline{w}$决定，此时$i^*(b) = \dfrac{\overline{R}-\overline{w}}{\pi(b)}$，$b \in \{1, 2\}$。因为$\pi(1) > \pi(2)$，所以$i^*(1) < i^*(2)$。

当$i \leq i^*(1)$时，两类借款人都会进行借贷；当$i > i^*(1)$时，借款利率超过第一类借款人愿意支付的最高贷款利率，因此第一类借款人将不会再进行借款，但此时第二类借款人仍将继续借贷（放贷机构会因为第一类借款人离开市场终止借贷而出现收入的下降，一般表现为非连续的下降）；当$i > i^*(2)$时，借款利率超过了第二类借款人愿意支付的最高贷款利率，第二类人也将不再借款，此时信贷市场将不存在。

不失一般性，假设上述两类借款人在信贷市场中占有$p(1)$和$p(2)$的比例，而且$p(1)+p(2)=1$。

当$i \leq i^*(1)$时，放贷机构的预期收入为$E\pi(i) = p(1)\pi(1)i+(1-p(1))\pi(2)i$；

当$i^*(1) < i \leq i^*(2)$时，$E\pi(i) = \pi(2)i$；

当$i > i^*(2)$时，$E\pi(i) = 0$。

显然，从图5-1可以看出，

$$r^*(1) = E\pi(i^*(1)) = p(1)\pi(1)i^*(1)+(1-p(1))\pi(2)i^*(1)$$

$$\tilde{i} = \frac{r^*(1)}{\pi(2)}$$

使得$i^*(1)\pi(i) \leq i$的i并非均衡利率。假设第一类借款人和第二类

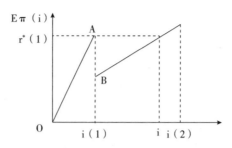

图5-1 放贷机构预期回报

借款人的人数分别为N_1、N_2，本书仿照 Stiglitz 和 Weiss（1981）的研究，得到结果如图5-2所示，其中第三象限的曲线为放贷机构的资金供给量曲线。

当$i \leq i^*$（1）时，整个市场的信贷需求是$N_1 + N_2$；当i^*（1）$< i \leq i^*$（2）时，仅有第二类借款人有信款需求，为N_2；当$i > i^*$（2）时，不存在信贷市场需求，为0。因此，可以得到因为信贷配给造成了贷款的供给短缺，缺口为GD，影响了个人信贷的可获得性。

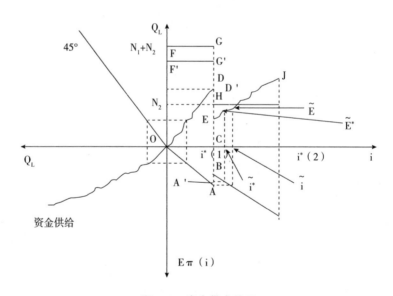

图5-2 资金供求关系

资料来源：Stiglitz 和 Weiss（1981）。

三、大数据征信背景下放贷机构向个人放贷的模型

1. 大数据征信有限参与放贷的情形

大数据征信发展之初，市场上拥有部分使用大数据征信的放贷机构，他们可以更全面地获取借款者的信息，对借款者信用风险状况了解得更清楚，因此，这一部分使用大数据征信的放贷机构一般来说更倾向于风险较低的第一类借款人。而那些不使用大数据征信的其他放贷机构将拥有更少的第一类借款人，第二类借款人的占比将增大。此时，假设第一类借款人的占比从 p（1）降低到 p（1）-α，那么第二类人的占比将由 1-p（1）增大到 1-p（1）+α。

同第五章第一节的第二部分的分析方法，得到以下结果：

当 i≤i*（1）时，放贷机构的预期收入为：

$$E \pi'(i) = (p(1)-\alpha)\pi(1)i + (1-p(1)+\alpha)\pi(2)i$$

$$E \pi'(i) = p(1)\pi(1) + (1-p(1))\pi(2)i + (\pi(2)-\pi(1))\alpha i$$

$$E \pi'(i) = E\pi(i) + (\pi(2)-\pi(1))\alpha i \tag{5-1}$$

因为 π（1）>π（2），

所以 E π'（i）<Eπ（i）

当 i*（1）<i≤i*（2）时， (5-2)

$$E \pi'(i) = \pi(2)i \tag{5-3}$$

当 i>i*（2）时，E π'（i）= 0。

此时，放贷机构与放贷机构之间的竞争均衡发生了一些变化（如图5-2所示）。当 i≤i*（1）时，由（5-2）式可知，A 点沿着 AC 方向移至A'点。

式（5-1）右边-式（5-3）右边为(p（1）-α)(π（1）-π（2）)i。

因为 p（1）>α>0，π（1）≠π（2），所以（p（1）-α）（π（1）-π（2））i>0。

根据上面的分析可以看到，随着使用大数据征信的放贷机构数量增加，即 α 越大，（p（1）-α）（π（1）-π（2））i 越小，A'就越向 B 靠近，供

给曲线也由 OD 与 EJ 变为OD′与$\widetilde{E}^*$J，需求曲线则由 FG 与 HI 变为F′G′与 HI，此时依然存在信贷配给的问题。但是当借款利率为i*（1）时，即处于竞争性均衡状态时，因信贷配给产生的供求缺口会由 GD 变成 G′D′，且随着使用大数据征信的放贷机构可用于放贷的资金增加，G′将向 H 靠近，D′将向 E 靠近，供求缺口将基本趋于固定值 HE。可以看到 HE 的距离小于 GD，此时资金供求差减小，信贷配给得以缓解，因此个人获得信贷的可能性提高。以上结论说明，在借贷市场引入大数据征信后，由于使用大数据征信的放贷机构可以识别很多以前得不到贷款的优质借款者并为其提供了贷款，所以降低了信贷市场上的信贷供给缺口，从而满足了更多的信贷需求。

2. 大数据征信完全参与放贷的情形

当大数据征信发展到一定的成熟阶段，所有放贷机构都使用大数据征信，此时在前述分析基础上，α=p（1），放贷机构给所有的第一类贷款者贷款，此时A′达到 B 点。在竞争性均衡状态，即i*（1）时，G′移至 H，D′移至 E，信贷供求差为 0，意味着信贷需求均得到满足，此时，个人借贷需求基本都能够得到满足，促进了个人信贷的可获得性，并且此时，均衡利率i≤i*（1），与不引入大数据征信是均衡利率（包括 i≤i*（1）和 i*（1）<i≤i*（2）两种情形）相比，可以看出，大数据征信的引入也有助于降低个人信贷的成本，这将进一步促进个人信贷的发展。

第二节　大数据征信对个人信贷影响的实证检验

一、研究设计

1. 研究假设的提出

从上述理论模型的分析可以看出，大数据征信的应用对于个人信贷具有重要的促进作用，有利于缩小个人信贷的供求缺口、降低个人信贷的成本，进而改善个人信贷的信贷配给现象，提高个人信贷的可获得性。但这一影响机制仍需通过实证分析进行验证。因此，基于上述考虑，本书将通过对比大数据征信参与前后征信体系对信贷的影响，来进一步验证大数据征信对个人信贷的促进作用及影响机制。考虑到大数据征信的优势更多地体现在信用卡等无抵押、纯信用的贷款上，本小结选择以银行信用卡贷款为例研究大数据征信对个人信贷的影响。

传统的信用卡审核主要依赖申请人填写的相关信息，不仅信息含量小，审核时间和审核成本也较高。在大数据征信的背景下，银行开始与互联网巨头进行联姻，通过发展金融科技，运用大数据、云计算、人工智能等先进技术手段获取申请人的大量信息，推动银行审核与运营成本的降低和风险管理能力的提升，做到更高效的金融服务。

基于以上分析，本书提出如下研究假设：大数据征信的发展对于信用卡贷款业务具有一定的促进作用，具体表现在：

假设1（H1）：当其他条件一定时，大数据征信的参与有效地促进了信用卡贷款规模的增长。

假设2（H2）：当其他条件一定时，大数据征信的参与有利于信用卡贷款成本的降低。

假设3（H3）：当其他条件一定时，大数据征信的参与有效地促进了信用卡贷款质量的提升。

2. 变量选取

（1）被解释变量。

信用卡贷款规模变量（LOAN）。本书选取信用卡贷款增速作为信用卡贷款规模的代理变量。在稳健性检验部分，采用信用卡发卡量增速作为信用卡贷款规模的代理变量。

信用卡贷款成本变量（COST）。本书选取单位信用卡贷款所获得的手续费和佣金收入作为信用卡贷款成本的代理变量，由银行年报所公布的"手续费及佣金收入：银行卡业务"指标除以该银行信用卡贷款余额所得。

在稳健性检验部分，采用单位信用卡贷款所获得的利息收入和佣金收入作为信用卡贷款成本的代理变量，由银行年报所公布的"利息收入：个人贷款及垫款"指标除以该银行信用卡贷款余额所得。

信用卡贷款质量变量（NPL）。本书选取信用卡贷款不良率作为信用卡贷款质量的代理变量。在稳健性检验部分，采用逾期半年未偿信贷总额占信用卡应偿信贷余额比例作为信用卡贷款质量的代理变量。

（2）解释变量。

大数据征信发展指数。由于大数据征信的发展还处于探索阶段，相关研究和统计结果还不成熟，因此目前还没有直接的指标来衡量大数据征信。本小节以大数据征信广泛参与后的征信体系发展指数作为大数据征信发展指数的替代指标。本书以邹氏检验①得到的临界点作为划分样本区间的依据，临界点之前的征信广度、征信深度、征信体系发展指数作为传统征信的指标，临界点之后的征信广度、征信深度及征信体系发展指数作为有大数据征信参与后的征信指标。通过对比大数据征信广泛参与前后征信体系对信贷的影响，来检验大数据征信对个人信贷的促进作用及影响机制。

目前征信体系发展指数主要包括征信广度指数（CBI）和征信深度指数（CDI）两个方面（龙海明、王志鹏，2017），采取的是在世界银行2004年开始的营商环境项目中所统计的相关数据。其中，征信系统广度是指公共征信覆盖率与私营征信机构的覆盖率之和，该指标是征信机构所公示的近五年有借贷历史记录的个人数量占成年人的比重；而征信系统深度是指征信机构所获取的信用信息的范围、质量等，该指标按 0~8

---

① 邹氏检验法是邹至庄（Gregory C. Chow）提出的，用于判断结构在预先给定点是否变化的一种方法。将时间序列分为若干区间，通过走势检验法可以检验出在区间分界点前后是否发生结构性变化。具体来说，就是利用 F 检验来检验由前一部分 n 个数据求得的参数和由后一部分 m 个数据求得的参数是否相等，由此判断分界点前后结构是否发生变化。

分为 8 个等级的评分①，主要是反映从公共或私营征信机构获取信用信息的范围、便利性及质量。

借鉴龙海明、王志鹏（2017）的研究，征信系统发展指数＝征信深度指数×征信广度指数。

（3）控制变量。

控制变量包括银行层面的总资产（SIZE），控制银行规模对信用卡贷款的影响；包括货币政策层面的基础货币（M2）和利率（R），控制货币政策对信用卡贷款的影响；还包括宏观经济层面的国民生产总值（GDP），控制宏观经济对信用卡贷款的影响。

研究变量含义具体如表 5-1 所示。

表 5-1　变量选取与说明

变量类型	变量名称	符号	变量含义与说明
被解释变量	信用卡贷款规模	LOAN	信用卡贷款增速（（当年商业银行信用卡贷款总额-上一年商业银行信用卡贷款总额）/上一年商业银行信用卡贷款余额）
	信用卡贷款成本	COST	单位信用卡贷款所获得的手续费和佣金收入（手续费及佣金（银行卡业务）/该银行信用卡贷款余额）
	信用卡贷款质量	NPL	信用卡贷款不良率（信用卡不良贷款总额/信用卡贷款总额）

---

①　如果公共或私营征信机构不运作或覆盖不到 5% 的成年人口，信用信息深度指数的得分为 0，否则，对一国的征信机构进行如下 8 项评分：是否同时披露企业和个人的信息；是否同时披露正面和负面的信息；是否发布除金融机构数据外的零售商或公用事业公司的数据；是否至少披露两年的历史信息且并不迅速抹去企业的违约贷款记录；是否披露贷款额低于人均收入的 1% 的贷款交易数据；借款人是否可依法查询其自身的信用信息；是否允许银行和其他金融机构在线访问信用信息；征信机构是否可帮助金融机构评估借款人信誉。每项合格得 1 分，否则得 0 分，指数范围为 0~8。8 求和得到的总分越高，表示从公共或私营征信机构获取有关借款人的历史借贷信息越多，越有利于其正确评估借款人的信用状况。

续表

变量类型	变量名称	符号	变量含义与说明
解释变量	大数据征信参与后的征信广度	CBI	公共征信覆盖率+私营征信覆盖率
	大数据征信参与后的征信深度	CDI	指数的范围是0~8，分值越高，说明获取借款相关信息越多，越有利于其准确评估贷款者的信用状况
	大数据征信参与后的征信体系发展指数	PPCDI	征信广度指数×征信深度指数
控制变量	银行总资产	SIZE	银行总资产的自然对数
	基础货币	M2	M2增速
	利率	R	商业银行一年期贷款利率
	国民生产总值	GDP	（（当年GDP−上一年GDP）/上一年GDP）

3. 模型设定

参考 Claessens 等（2014）和 Altunbas 等（2017）的做法，使用动态面板系统广义矩估计方法（系统 GMM）分析大数据征信对信用卡贷款的影响。系统 GMM 不仅可以控制被解释变量一阶滞后项与误差项之间的内生性，还能控制解释变量和控制变量与误差项之间可能存在的内生性（Blundell and Bond，1998）。回归模型如下所示：

$$LOAN_{it} = \alpha \cdot LOAN_{it-1} + \beta \cdot PPCDI_{it} + \gamma \cdot X_{it} + \theta_t + \theta_s + \varepsilon_{it} \qquad (①)$$

$$COST_{it} = \alpha \cdot COST_{it-1} + \beta \cdot PPCDI_{it} + \gamma \cdot X_{it} + \theta_t + \theta_s + \varepsilon_{it} \qquad (②)$$

$$NPL_{it} = \alpha \cdot NPL_{it-1} + \beta \cdot PPCDI_{it} + \gamma \cdot X_{it} + \theta_t + \theta_s + \varepsilon_{it} \qquad (③)$$

其中，$LOAN_{it}$、$COST_{it}$ 和 NPL_{it} 分别表示信用卡贷款的规模、成本和质量，下标 i 代表银行，t 代表年份，$LOAN_{it-1}$、$COST_{it-1}$ 和 NPL_{it-1} 为其一阶滞后项。$PPCDI_{it}$ 表示征信系统发展指数，控制变量 X_{it} 包括：银行层面的总资产（SIZE）、基础货币（M2）、利率（R）以及国民生产总值（GDP），θ_t 为银行时间效应，θ_s 为银行类型效应，ε_{it} 为误差项。

4. 数据的选取

目前取得发行信用卡资质的银行有五大行、股份行、邮储银行及部分城商行、农商行，本书选取中国 56 家商业银行 2012~2017 年非平衡面板数据，数据来源于 Wind 数据库。在剔除政策性银行以及数据连续期少于 3 年的银行后，56 家样本银行包括 5 家国有大型商业银行、39 家股份制商业银行及 12 家城市商业银行。因此，本书所选取的银行样本覆盖了中国主要已发行信用卡的商业银行，是一个具有较强代表性的样本。数据统计软件为 Stata14.2。对所有连续变量在 1% 的水平上进行缩尾处理以消除极端值的影响。

对样本数据进行描述性统计，结果如表 5-2 所示。

表 5-2　描述性统计

变量	样本数	均值	标准差	最小值	25 百分位数	50 百分位数	75 百分位数	最大值
LOAN	423	0.04918	0.0198	0.006015	0.0387	0.0445	0.0823	0.1339
COST	423	0.0540	0.1234	0.0074	0.014136	0.0546	0.0923	2.5994
NPL	423	0.016	0.05066	0.012	0.014	0.016	0.019	0.021
PPCDI	560	289.4378	253.0907	40.4	104.8	206.9	688.4	936.6
SIZE	560	2.060	0.304	1.386	1.945	2.026	2.397	2.484
M2	560	0.6727	0.2081	0.3163	0.5857	0.664	0.717	2.0904
R	560	0.1499	0.0744	0.01833	0.1054	0.1495	0.1915	0.3743
GDP	560	0.1022	0.0490	0.0660	0.0167	0.0938	0.1174	0.1232

二、实证结果分析

本书采用 GMM 方法对方程（①）、方程（②）和方程（③）进行回归。而 GMM 方法包括差分 GMM 和系统 GMM，系统 GMM 能较好地克服差分 GMM 无法估计不随时间变化的变量的系数和弱工具变量问题，具有更好的估计效率，本书选择系统 GMM 方法。关于工具变量的选取，一般选取变量的水平值和一阶差分作为工具变量（Guidara A., Lai V S., Soumaré I. and Tchana F., 2013）；也经常选取因变量的一阶差分或因变量的滞后值（Blundell and Bond, 1998）作为工具变量。在实际估计过程中，为保证系统 GMM 估计量的一致性以及工具变量选择的有效性，我们使用 AR（2）检验识别误差项的序列自相关问题，Hansen 检验检查工具变量的过度识别问题。从系统 GMM 估计的相关检验来看，表 5-1 中所有回归模型均无法拒绝 AR（2）检验原假设，表明误差项不存在二阶序列自相关问题，同时，也均无法拒绝 Hansen 检验原假设，表明不存在过度识别问题。相关估计模型结果如表 5-2 所示。

首先，从 2008~2017 年的全样本区间检验了整体征信发展水平对信用卡贷款的影响，由表 5-3 的估计结果可以看出，征信系统发展指数与信用卡贷款规模之间呈现显著的正相关关系，系数为 0.115。说明征信系统越发达，信用卡规模增长越快，意味着征信的发展有利于银行获取个人客户的更多更全面的信息，减少了银行与贷款者之间的信息不对称，银行对个人信用风险的评估更为准确，从而个人获取银行贷款的可能性更高。从信用卡贷款成本来看，征信系统发展指数的系数为 -0.132，并且在 5% 的显著性水平下显著，说明征信系统越发达，信用卡贷款成本越低，意味着征信的发展有利于降低个人信用卡贷款的借贷成本，这与本章理论部分的结论基本一致，当征信识别出信用良好的第一类贷款者时，借款利率 i≤i*（1）时达到信贷均衡，银行不用因为信息不对称问题而考虑第二类贷款者从而提高利率。从信用卡贷款质量来看，征信系统发展指数的系数为 -0.128，并且在 5% 的水平下显著，说明征信系统越发达，信用卡贷款不良率越低，即信用卡贷款质量越好，意味着征信的发展既有利于防范事前信息不对称导致的逆向选择，也就是事前机会主义，也能够防范事后信息不对称导致的道德风险，即事后机会主义。也就是说，在放贷前充分掌握贷款者的信息，放贷后通过征信实时跟踪贷款者相关情况，做好风险防控工作，征信的推广可以在一定程度上降低个人信用卡贷款不良率、提升信用卡贷款的质量。

表 5-3　模型估计结果

(全样本区间：征信对信用卡贷款的影响)

	(1) LOAN	(2) COST	(3) NPL
L. LOAN	0.598 *** (8.67)		
L. COST		0.584 *** (5.45)	
L. NPL			0.616 *** (8.22)
PPCDI	0.115 * (1.72)	−0.132 ** (−2.34)	−0.128 ** (−2.17)
SIZE	0.0706 (0.61)	0.165 * (1.69)	0.191 ** (2.08)
M2	0.210 (1.01)	−0.000778 (−0.00)	0.299 (1.38)
R	8.096 ** (2.39)	9.273 *** (3.65)	6.470 *** (2.87)
GDP	0.0346 ** (2.25)	0.0116 (1.14)	0.00418 (0.35)
cons	0.569 * (1.97)	0.823 *** (2.87)	0.968 *** (3.13)
N	423	423	423
AR（2）	−0.50 (0.62)	−0.56 (0.579)	−0.79 (0.427)
Hansen	2.89 (0.822)	5.01 (0.543)	1.19 (0.977)

注：括号内为 t 统计值，＊、＊＊、＊＊＊ 分别表示在 10%、5%、1% 水平下显著。

为了更加清晰地区别传统征信和大数据征信的不同影响，本书以大数据征信广泛应用前后的征信系统发展指数为对比，以检验大数据征信对个人信贷的影响。普遍认为，2015 年是大数据征信在我国广泛应用的起始点①。在此，本书通过邹氏检验法对以 2015 年作为区分样本区间的临界点的有效性予以检验。检验结果显示，2015 年的迹统计量为 3.92183，P 值为 0.0075，小于 0.01，满足 1% 的显著假设性，因此可以说明，2015 年前后，征信体系的发展确实发生了结构性变化。

基于以上，本书将样本分为 2015 年之前（传统征信）和 2015 年之后（有大数据征信参与后）两个区间，对比大数据征信和传统征信在促进信用卡贷款方面的作用。表 5-4 的估计结果显示，在没有大数据征信参与的情况下，征信系统发展对信用卡贷款规模的影响系数为 0.101，对信用卡贷款成本的影响系数为 -0.0874，对信用卡贷款不良率的影响系数为 -0.0903，并在 10% 的显著性水平下显著；而在 2015 年后有了大数据征信的参与下，征信系统发展对信用卡贷款规模的影响系数为 0.1818，对信用卡贷款成本的影响系数为 -0.1087，对信用卡贷款不良率的影响系数为 -0.2113，均在 1% 的显著性水平下显著。可以看出，大数据征信参与后，征信体系对信用卡贷款的促进作用更明显、有效性更显著。主要原因在于一方面，大数据征信通过大数据信息采集技术显著拓宽了征信的广度，增加了评价个人信用的信息来源，提高了获得个人信用信息的效率；另一方面，大数据征信通过大数据分析模型，提高了利用个人信用信息的效率，在提高准确性和全面性的同时也降低了交易费用的产生，提高了银行发展个人信贷的积极性，从而改善了个人贷款的可获得性。同时，大数据征信的应用促进了银行对个人相关信息的获取，改善了银行与个人之间的信息不对称问题，能够显著降低因为信息不对称而产生的成本；并且，大数据征信的引入使得个人违约成本提高，出于大数据征信会导致违约影响后续借贷的可能性和成本等考虑，个人的道德风险和逆向选择风险显著降低，声誉风险受到重视，因而个人违约概率降低，银行开展个人信贷的风险降

---

① 2015 年，我国正式开始了征信市场化的进程，所有的民营征信机构（包括个人征信和企业征信机构）都在强调自身的大数据优势。大数据征信才真正在我国的征信市场中有所体现（谢平、邹传伟等，2015；李辰，2016）。

低，进一步促进了个人信贷的可获得性。

表 5-4　模型估计结果

（区分样本区间：传统征信 vs. 大数据征信参与）

	传统征信			大数据征信参与		
	LOAN	COST	NPL	LOAN	COST	NPL
L. LOAN	0.595 ***			0.700 ***		
	(8.46)			(18.39)		
L. COST		0.540 ***			0.560 **	
		(5.84)			(2.37)	
L. NPL			0.570 ***			0.697 ***
			(7.02)			(21.39)
PPCDI	0.101 *	−0.0874 *	−0.0903 *	0.1818 **	−0.1087 ***	−0.2113 ***
	(1.81)	(−1.74)	(−1.89)	(2.57)	(−3.66)	(−3.95)
SIZE	0.0057 ***	0.013 ***	0.0075 ***	0.316 ***	0.266 ***	−0.00016
	(3.30)	(6.71)	(4.29)	(3.65)	(3.05)	(−0.06)
M2	−0.0461 ***	−0.0420 ***	−0.0412 ***	0.355 **	0.335 **	−0.0728 ***
	(−6.83)	(−7.02)	(−6.15)	(2.52)	(2.48)	(−14.49)
R	−0.155 ***	−0.109 **	−0.222 ***	3.453 **	3.558 **	0.297
	(−2.94)	(−2.14)	(−4.11)	(2.37)	(2.38)	(1.07)
GDP	−0.231 ***	0.398 ***	−0.176 ***	0.0252 **	0.0239 **	−0.0004
	(−7.47)	(7.07)	(−5.41)	(2.29)	(2.47)	(−0.88)
cons	0.0567 ***	0.0841 ***	0.0466 ***	0.166	0.209	0.0379 ***
	(12.12)	(17.02)	(10.72)	(0.78)	(1.05)	(4.49)
N	423	423	423	423	423	423
AR（2）	−1.24	−0.33	−0.42	−0.37	−0.38	−0.37
	(0.215)	(0.740)	(0.674)	(0.713)	(0.702)	(0.713)
Hansen	0.16	1.93	3.40	4.02	4.21	4.02
	(0.999)	(0.587)	(0.182)	(0.675)	(0.378)	(0.675)

注：括号内为 t 统计值，*、**、*** 分别表示在 10%、5%、1% 水平下显著。

本书进一步分别分析了征信广度和深度对信用卡贷款的影响，由表5-5的估计结果可以看到，在信用卡贷款规模、贷款成本和贷款质量上，征信广度的系数分别为0.098、−0.108和−0.151，且分别在5%、10%、5%的显著性水平下显著，表明征信覆盖的广度显著地促进了银行的信用卡业务，有利于增加信用卡贷款的规模、降低信用卡贷款的成本及提升信用卡贷款的质量、降低信用卡贷款的不良率。但征信的深度对信用卡贷款的促进作用并不显著，征信深度对信用卡贷款规模、贷款成本和贷款不良率的系数分别为0.081、−0.082和−0.121，仅对贷款不良率的系数在1%的显著性水平下显著，说明征信深度的增加能够更好地提升贷款质量，而对贷款规模和贷款成本均没有显著提升作用，说明一般而言，征信深度越大，意味着征信数据挖掘更深，对个人信息的掌握更加精确和透彻，这对于分析个人信用风险具有重要的参考价值，因此征信深度的提升有利于银行获取更加优质的客户，从而促进贷款不良率的降低，提升贷款质量。

表5-5 模型估计结果

（全样本区间：征信广度 vs. 深度对信用卡贷款的影响）

	（1） LOAN	（2） COST	（3） NPL
L. LOAN	0.552 *** （3.94）		
L. COST		0.681 *** （5.45）	
L. NPL			0.660 ** （2.47）
CBI	0.098 ** （2.72）	−0.108 * （−1.83）	−0.151 ** （−2.89）
CDI	0.081 （−0.78）	−0.082 （−0.59）	−0.121 *** （−3.32）

续表

	（1）	（2）	（3）
	LOAN	COST	NPL
SIZE	0.204**	0.162*	0.388***
	（2.05）	（1.68）	（3.83）
M2	0.127	0.0132	0.478***
	（0.85）	（0.07）	（2.93）
R	4.368***	4.686**	2.488
	（2.74）	（2.45）	（1.53）
GDP	0.0320***	0.0162	0.0107
	（2.70）	（1.51）	（1.10）
cons	1.015**	−1.130	−0.346
	（1.98）	（−1.12）	（−0.74）
N	423	423	423
AR（2）	−1.63	0.32	−0.07
	（0.104）	（0.751）	（0.965）
Hansen	0.36	3.79	5.33
	（0.986）	（0.435）	（0.255）

注：括号内为 t 统计值，*、**、*** 分别表示在 10%、5%、1%水平下显著。

为了更加清晰地区别大数据发展背景下大数据征信广度和深度对信用卡贷款的影响，本书将样本分为 2015 年之前（传统征信）和 2015 年之后（有大数据征信参与后）两个区间，对比分析了传统征信和大数据征信的征信广度和深度对信用卡贷款的影响，估计结果如表 5-6 所示。从征信的广度来看，大数据征信广度相较于传统征信广度对信用卡贷款的促进作用更大、更显著，大数据征信下征信广度对信用卡规模、成本和不良率的影响系数分别为 0.183、−0.164、−0.196，均大于传统征信下征信广度对信用卡规模、成本和不良率的影响系数 0.043、−0.071、−0.132，并且大数据征信广度系数均在 5%的显著性水平下显著，而传统征信广度系数仅在 10%的显著性水平下显著。从征信的深度来看，大数据征信深度和传统征信深度一样,仍然没有显著促进信用卡贷款的规模和成本,但是大数据征信深度相较于传统征信深度更加有效地提高了信用卡贷款质量,由估计结果可以看出,传统征信下征信深度对信用卡贷款不良率的影响系数为-0.169,大数据征信下征信深度对信用卡贷款不良率的影响系数为-0.194。

表5-6 模型估计结果

(区分样本区间:征信广度 vs. 深度)

	传统征信			大数据征信参与		
	LOAN	COST	NPL	LOAN	COST	NPL
L. LOAN	0.563 ***			0.833 ***		
	(8.23)			(22.84)		
L. COST		0.487 ***			0.614 **	
		(5.32)			(2.77)	
L. NPL			0.521 ***			0.712 ***
			(5.07)			(24.47)
CBI	0.043 *	-0.071 *	-0.132 *	0.183 **	-0.164 **	-0.196 **
	(1.72)	(-2.83)	(-2.77)	(5.47)	(-2.69)	(-2.72)
CDI	0.064	-0.082	-0.169 **	0.114	-0.097	-0.194 **
	(-1.36)	(-0.59)	(-2.81)	(-1.34)	(-0.87)	(-2.65)
SIZE	0.0034 ***	0.015 ***	0.0076 ***	0.345 ***	0.214 ***	-0.0052
	(3.42)	(6.88)	(4.34)	(3.98)	(3.12)	(-0.08)
M2	-0.0437 ***	-0.0418 ***	-0.0456 ***	0.312 **	0.342 **	-0.0734 ***
	(-6.76)	(-7.26)	(-6.55)	(2.22)	(2.89)	(-14.94)
R	-0.184 ***	-0.113 **	-0.311 ***	3.467 **	3.34 **	0.282
	(-2.99)	(-2.08)	(-4.34)	(2.71)	(2.39)	(1.13)
GDP	-0.239 ***	0.368 ***	-0.165 ***	0.029 **	0.0225 **	-0.002
	(-7.97)	(7.92)	(-5.16)	(2.31)	(2.51)	(-0.96)
cons	0.059 ***	0.089 ***	0.047 ***	0.154	0.212	0.036 ***
	(12.60)	(17.23)	(10.24)	(0.89)	(1.12)	(4.34)
N	423	423	423	423	423	423

续表

	传统征信			大数据征信参与		
	LOAN	COST	NPL	LOAN	COST	NPL
AR（2）	-1.25	-0.38	-0.47	-0.35	-0.36	-0.33
	（0.223）	（0.767）	（0.656）	（0.721）	（0.712）	（0.732）
Hansen	0.19	1.97	3.36	4.17	4.13	4.08
	（0.999）	（0.585）	（0.184）	（0.687）	（0.365）	（0.686）

注：括号内为 t 统计值，*、**、***分别表示在10%、5%、1%水平下显著。

这在一定程度上反映了由于目前我国征信业还处于发展初期，征信体系的初阶段进步与发展，以及大数据征信的初阶段进步与发展对于个人信贷的影响还不是特别显著。具体来说，只在征信的广度上有一定的积累和效应，而在深度挖掘数据、分析数据、开发数据价值上还未形成一定的效应和影响。

总的来说，本节的实证检验结果显示，大数据征信在一定程度上促进了信用卡业务的发展，也在一定程度上印证了本书第四章对大数据征信影响信贷的作用机理及现实路径的分析：大数据征信的引入提高了个人的声誉价值、改善了个人与银行之间的信息不对称问题，促进了个人从银行获得贷款的可能性，降低了个人获得信贷的成本，也保证了银行信用卡贷款的质量。

三、稳健性检验

为了增强上述模型分析结果的稳定性，本书基于不同贷款规模、成本和质量的代理变量进行稳健性检验。

1. 不同贷款规模代理变量

本书将信用卡贷款规模变量（LOAN）采用信用卡发卡量增速（LOANC）作为信用卡贷款规模的代理变量进行稳健性检验，结果如表5-7所示。大数据征信下征信广度对信用卡发卡量增速的影响系数为0.171，大于传统征信下征信广度对信用卡发卡量增速的影响系数。大数据征信深度和传统征信深度仍然没有显著促进信用卡发卡量增速。可以看出,与前文的结果和结论基本保持一致。

2. 不同贷款成本变量

将信用卡贷款成本变量(COST)采用单位信用卡贷款所获得的利息收入和佣金收入(COSTI)作为信用卡贷款成本的代理变量进行稳健性检验,结果如表5-7所示。大数据征信下征信广度对单位信用卡贷款所获得的利息收入和佣金收入的影响系数为0.146,显著水平为5%,大于传统征信下征信广度对单位信用卡贷款所获得的利息收入和佣金收入的影响系数。从征信深度来看,大数据征信深度和传统征信深度仍然没有显著促进信用卡贷款成本,与前文的结果和结论基本保持一致。

表5-7 稳健性检验

(区分样本区间:征信广度 vs. 深度)

	传统征信			大数据征信参与		
	LOANC	COSTI	NPLD	LOANC	COSTI	NPLD
L. LOAN	0.542 ***			0.764 ***		
	(7.21)			(12.34)		
L. COST		0.431 ***			0.598 **	
		(6.02)			(2.43)	
L. NPL			0.521 ***			0.723 ***
			(5.07)			(20.87)
CBI	0.034 *	0.034 **	−0.144 **	0.171 ***	0.146 **	−0.161 **
	(1.78)	(2.81)	(−2.78)	(5.56)	(2.688)	(−2.75)
CDI	0.064	0.082	−0.169 **	0.114	0.097	−0.192 **
	(−1.28)	(−0.67)	(−2.35)	(−1.56)	(0.97)	(−2.68)
SIZE	0.0038 ***	0.017 ***	0.005 ***	0.331 ***	0.201 ***	−0.0104
	(3.44)	(6.33)	(4.21)	(3.96)	(3.16)	(−0.09)
M2	−0.0424 ***	−0.0418 ***	−0.0456 ***	0.312 **	0.342 **	−0.0734 ***
	(−6.44)	(−7.88)	(−6.22)	(2.28)	(2.77)	(−14.46)

续表

	传统征信			大数据征信参与		
	LOANC	COSTI	NPLD	LOANC	COSTI	NPLD
R	−0.189 ***	−0.117 **	−0.316 ***	3.465 **	3.36 **	0.287
	（−2.87）	（−2.08）	（−4.34）	（2.71）	（2.39）	（1.13）
GDP	−0.239 ***	0.368 ***	−0.169 ***	0.030 **	0.028 **	−0.007
	（−7.99）	（7.34）	（−5.77）	（2.35）	（2.57）	（−0.99）
cons	0.058 ***	0.087 ***	0.046 ***	0.151	0.205	0.032 ***
	（12.55）	（17.09）	（10.88）	（0.76）	（1.08）	（4.64）
N	423	423	423	423	423	423
AR（2）	−1.29	−0.37	−0.48	−0.36	−0.33	−0.37
	（0.323）	（0.747）	（0.596）	（0.761）	（0.745）	（0.754）
Hansen	0.198	1.97	3.36	4.17	4.13	4.08
	（0.932）	（0.564）	（0.196）	（0.665）	（0.475）	（0.776）

注：括号内为 t 统计值，*、**、*** 分别表示在 10%、5%、1% 水平下显著。

3. 不同贷款质量变量

将信用卡贷款质量变量（NPL）采用逾期半年未偿信贷总额占信用卡应偿信贷余额比例（NPLD）作为信用卡贷款质量的代理变量进行稳健性检验，结果如表 5-7 所示，从征信广度来看，大数据征信广度相较于传统征信广度对逾期半年未偿信贷总额占信用卡应偿信贷余额比例的影响系数为 −0.161，大于传统征信下征信广度对信用卡贷款质量的影响系数 −0.144，显著水平均为 5%。从征信深度来看，大数据征信深度相较于传统征信深度更加有效地提高了信用卡贷款质量。由估计结果可以看出，传统征信下征信深度对逾期半年未偿信贷总额占信用卡应偿信贷余额比例的影响系数为 −0.169，大数据征信下征信深度对逾期半年未偿信贷总额占信用卡应偿信贷余额比例的影响系数为 −0.192，显著水平均为 5%，与前文的结论基本保持一致。

第三节 结论

征信服务在信贷信用风险的管理中发挥着越来越重要的作用。随着互联网时代的到来，"大数据"促进了传统征信行业的创新，补充了大量信用风险评价的可用信息，有利于减少信贷交易中的信息不对称，降低业务成本，特别是对个人信贷及中小企业信贷的信用风险评价起着关键作用。

本章主要讨论了大数据征信对个人信贷的影响，首先从信贷配给理论出发，分析了有大数据征信引入时的信贷均衡情形，从而得到大数据征信有利于降低个人信贷成本及提高个人信贷可获得性的结论。基于理论分析，以信用卡贷款为例，通过多元线性回归模型对大数据征信影响个人信贷的机制进行了实证检验。主要的研究结论包括：

第一，征信的发展有利于银行获取个人客户的更多更全面的信息，减少了银行与贷款者之间的信息不对称，有利于银行降低获客成本以及个人信用卡贷款的借贷成本。同时，征信的发展使得银行可以更准确地评估个人消费者的信用风险，在一定程度上提高了个人获取银行贷款的可能性，且由于在放贷前能够充分掌握贷款者的信息，放贷后也通过大数据征信实时跟踪贷款者相关情况，做好风险防控工作，征信的发展也极大地降低了个人信用卡贷款的不良率、提升了信用卡贷款的质量。

第二，通过对比传统征信和大数据征信发现，大数据征信相比传统征信促进信用卡贷款的作用更明显、有效性更显著。不仅在于大数据征信较传统征信具有覆盖率更广、信息更为及时的优势，更在于：大数据征信的应用促进了银行对个人相关信息的获取，改善了银行与个人之间的信息不对称问题，能够显著降低因为信息不对称而产生的成本；大数据征信的引入降低了交易费用的产生，提高了银行发展个人信贷的积极性，从而改善了个人贷款的可获得性；大数据征信的引入使得个人违约成本提高，个人的道德风险和逆向选择风险显著降低，个人的声誉价值提高，使得银行开展个人信贷的风险降低，进一步促进了个人信贷的可获得性。

第三，大数据征信的广度和深度对信用卡贷款的影响略有差异。征信覆盖的广度显著地促进了银行的信用卡业务，有利于增加信用卡贷款的规模、降低信用卡贷款的成本以及提升信用卡贷款的质量、降低信用卡贷款的不良率。而征信的深度对信用卡贷款的促进作用主要体现在促进信用卡贷款质量的提升上，对信用卡贷款规模和成本的影响并不显著，也与大数据征信深度具有对信息挖掘的精确度更高的优势有一定关联，信息越精确，银行对个人信用风险的评估越准确，获取的优质客户越多，显然能够有效降低贷款的不良率。

大数据征信对中小企业信贷的影响研究

第一节 大数据征信对中小企业信贷影响的模型构建

大量的研究表明，不论是在发达国家，还是在发展中国家，中小企业都存在"融资难""融资贵"的问题，而这主要是因为中小企业相对于大企业信息更为不透明，而且缺乏相应的抵押品。林毅夫和孙希芳（2005）以信息不对称的视角研究了中小企业融资难的问题，认为"软信息"是中小企业融资的依据，只有更便于获得"软信息"的金融机构才具有克服中小企业融资中信息不对称的难题。胡国晖和李雪玲（2018）则认为小银行在中小企业融资方面更具优势，因为其更能处理中小企业的"软信息"。其中，"软信息"是指那些难以量化、非标准化的信息，如企业管理者的人品、能力、个人的信用水平等。在"小银行优势"对"软信息"的处理中，多是依赖双方建立的长久的合作关系，但这种方法存在很强的人为主观性。随着计算机技术的发展，大数据征信可以采取全方位的数据，包括企业的订单、税单、工资表、社会保障数据、水电缴费记录等各种非结构化数据，借助大数据的技术来构建客观模型评价中小企业信用水平及未来的信贷风险。因此，大数据征信为中小企业"软信息"的量化提供了工具，可以有效解决中小企业信贷融资过程中的信息不对称问题，从而促进中小企业信贷融资。本节从大数据征信可以量化"软信息"，并有效降低"软信息"收集、处理、加工、辨别真伪等"软信息成本"来促进中小企业融资的视角，构建大数据征信模式下的中小企业信贷融资的模型，对大数据征信可以促进中小企业信贷融资进行理论说明。

一、研究设计

1. 大数据征信对"软信息"的影响

对于企业而言，"硬信息"和"软信息"都能反映企业的风险水平。在传统的征信模式下，金融机构一般较为重视企业的"硬信息"，因为这类信息易于理解、可标准化体现、易量化对比、易操作，获得"硬信息"的成本相对较低。但是对于中小企业来说，"硬信息"的获得成本反而高，这主要是因为中小企业的财务数据、资产数据、抵押品情况等的质量都不被认可，很多时候还没有抵押品和担保，即便有，也会由于可评估资产种类有限而使得抵押资产价值较低。在"软信息"方面，金融机构采集的意愿不强，这主要有两点原因：一是"软信息"的结构通常是一些非结构化数据，类型复杂，对其的加工、分析都需要专业的技术；二是"软信息"的来源非常广泛，信息体量巨大，处理的成本很高。"软信息"和"硬信息"都能反映企业的风险水平，即使两者的成本是一样的，真正体现企业风险水平的信息应当是"软信息"而不是"硬信息"，因为如企业家才能、企业的社会资源、企业的诚信、企业的产品的市场认可程度等才是企业信用的本质，"硬信息"不过是"软信息"的一种体现。在传统征信下，不是不能认识到这一点，而是"软信息"的获取、加工、处理、解读等都缺乏技术基础。

随着互联网时代的来临，以大数据技术为主的大数据征信为降低中小企业的"软信息"成本提供了技术支撑。首先，在传统征信模式下，采集"软信息"需要大量的人员，时间成本、距离成本都较高，而大数据征信则是通过互联网采集社交网络、电子商务网络、生活服务网络等数据，效率更高，成本更低；其次，大数据征信采用大数据技术，处理数据的时间更短，计算能力更为强大，降低了信息的处理成本；最后，在移动互联网、征信系统中存在的数据，不是贷款者主动提供的，更多的是被动被收集的，其数据的虚假性可能较低。

2. 中小企业信贷融资的获得性

企业信贷融资的获得性是指企业获得金融机构等间接融资的可能性及贷款额度，本质上来说，就是中小企业的金融需求被金融机构满足的程度，最直观的表现就是中小企业被拒绝的数量和贷款额度，但实质上是中小企业的风险定价。因为金融机构为中小企业提供贷款的标准就是对其的风险进行定价，定价的不合理就会导致金融机构拒绝中小企业的贷款。因此，本书借鉴金融排斥度来衡量中小企业信贷融资的获得性：排斥的程度越高，获得的信贷融资的程度就越低；而排斥的程度越低，获得信贷融资的程度就越高。

金融排斥度既可以用数量度量，也可用价格度量。本书借鉴曹廷贵（2015）的研究，从价格入手测量中小企业的金融排斥度，以反映其信贷融资的可获得性。

$$E = 1 - \frac{\int_1^I R_i \, d_i}{\int_1^I r_i \, d_i} \tag{6-1}$$

其中，R_i是金融机构为中小企业提供的贷款利率，可以理解为金融机构为能够识别的中小企业的风险进行的定价；i 为某企业，i = 1，2，…，I；而r_i是中小企业 i 的真实风险的定价；如果金融机构能够全部识别中小企业的风险，则$R_i = r_i$，如果不能全部识别风险，能识别的风险只是中小企业风险的一部分，就会增加金融机构为中小企业提供贷款的排斥程度。

二、大数据征信与中小企业信贷融资的模型

1. 中小企业方面

假设中小企业的集合为 I，某个中小企业 i 的自有资金为 K_i，中小企业为项目开发所需的贷款需求为 L_i，项目的预期收益率为 u_i，项目成功盈利的概率为 θ_i（$0 \leqslant \theta_i \leqslant 1$），其大数据征信模式下的贷款利率为 R_i（由于大数据征信更关注企业的"软信息"，可以将其贷款利率理解为"软信息"成本），而"硬信息"成本为 H_i，可以理解为只依赖"硬信息"时的贷款利率为 H_i。这主要有两部分构成，一是如果项目亏损，其抵押资产的价值；二是中小企业为筹集抵押资产时所花费的成本，并假设这部分成本是传统征信模式下贷款利率 H_i 的 α_i 倍。

从中小企业角度来说，企业要想获得金融机构贷款的核心是项目的预期收益要大于预期成本，即预期收益减去预期成本大于等于 0，用数学表达式可表示为：

$$(1+u_i)(K_i+L_i)-\theta_i(1+R_i)L_i-(1-\theta_i)H_iL_i-\alpha_iH_iL_i \geqslant 0 \qquad (6-2)$$

推导可得：

$$R_i \leqslant \frac{(1+u_i)(K_i+L_i)-(1-\theta_i)H_iL_i-\alpha_iH_iL_i}{\theta_iL_i}-1 \qquad (6-3)$$

也就是说，中小企业在大数据征信模式下申请贷款的条件是贷款利率有一个最高限，且这个最高限与中小企业的自有资本、贷款额度、项目的预期收益率、风险水平有关。

2. 金融机构方面

假设金融机构为风险中性，金融机构为中小企业提供贷款的机会成本为 b_i，可以理解为贷款为大企业的贷款利率；在大数据征信模式下，金融机构为中小企业提供贷款所需支付的信息成本为贷款额度的 S_i 倍，这主要是金融机构为获取中小企业软信息所付出的成本，包括信息的采集、加工、处理、解读等。如果企业违约不能偿还贷款，金融机构将会处置其抵

押担保的资产。

对于金融机构来说，金融机构为中小企业提供贷款的核心是扣除信息成本后的预期收益大于等于为中小企业提供贷款的机会成本，可用以下数学表达式进行表示：

$$\theta_i(1+R_i)L_i+(1-\theta_i)H_iL_i-S_iL_i\geq(1+b_i)L_i \tag{6-4}$$

推导可得：

$$R_i\geq\frac{1+b_i+S_i-(1-\theta_i)H_i}{\theta_i}-1 \tag{6-5}$$

也就是说，金融机构为中小企业提供贷款的贷款利率有一个最低限，且这个最低限与为中小企业提供贷款的机会成本、项目的成功的概率、大数据模式下"软信息"的成本有关。

3. 大数据征信下的中小企业信贷融资的可能性集合

综合分析中小企业和金融机构两个方面，中小企业要想成功从金融机构获得信贷融资，其贷款利率既要符合中小企业对贷款利率的要求，又要符合金融机构对贷款利率的要求。因此，中小企业成功获得信贷融资的贷款利率就要符合式（6-6），即信贷融资可能性集合：

$$\frac{1+b_i+S_i-(1-\theta_i)H_i}{\theta_i}-1\leq R_i\leq\frac{(1+u_i)(K_i+L_i)-(1-\theta_i)H_iL_i-\alpha_iH_iL_i}{\theta_iL_i}-1$$

$$\tag{6-6}$$

在信息对称的情况下，金融机构和中小企业都不用为了获得中小企业的信息而付出成本，那么信息的成本就为0；金融机构也就能识别中小企业的所有风险，也就是：

$$H_i=0;S_i=0;R_i=r_i$$

此时，

$$\int_1^1 r_id_i=\left(\frac{(1+u_i)(K_i+L_i)}{\theta_iL_i}-1\right)-\left(\frac{1+b_i}{\theta_i}-1\right)=\frac{(1+u_i)(K_i+L_i)}{\theta_iL_i}$$

$$-\frac{1+b_i}{\theta_i} \tag{6-7}$$

金融机构对中小企业的金融排斥度就为 $E = 1 - \dfrac{\int_1^1 R_i\, d_i}{\int_1^1 r_i\, d_i} = 1 - 1 = 0$。

因此，在信息对称的情况下，金融机构不会由于要评价中小企业的信用风险而付出过多成本，自然就不会排斥对中小企业提供金融服务，而中小企业也不用为获得贷款而提供抵押和担保。换句话说，如果信息是对称的，金融机构就能识别中小企业的所有风险，且不需要付出巨大成本，而中小企业的金融需求自然也就能得到满足。

但现实中的大多数情况都是信息不对称的，那么金融机构和中小企业就都要为了了解对方的风险水平、信用状况、需求的情况而付出代价。那么，此时的金融排斥度就是：

$$E = 1 - \frac{\int_1^1 R_i\, d_i}{\int_1^1 r_i\, d_i} =$$

$$1 - \frac{\dfrac{(1+u_i)(K_i+L_i)-(1-\theta_i)H_iL_i-\alpha_iH_iL_i}{\theta_iL_i} - \dfrac{1+b_i+S_i-(1-\theta_i)H_i}{\theta_i}}{\dfrac{(1+u_i)(K_i+L_i)}{\theta_iL_i} - \dfrac{1+b_i}{\theta_i}}$$

$$(6-8)$$

其中，令 $(1+u_i)(K_i+L_i)-(1+b_i)L_i = A_i$，$A_i > 0$ 是金融机构的风险胃口，即对于金融机构来说，对中小企业贷款的风险承受的上限是该中小企业项目的预期收益要大于贷款给大企业的机会成本。

那么，式（6-8）就可简化为：

$$E = \frac{S_iL_i}{A_i} + \frac{\alpha_iH_iL_i}{A_i} \qquad (6-9)$$

金融排斥度对"硬信息"成本求导得：

$$\frac{\partial E}{\partial H_i} = \frac{\alpha_iL_i}{A_i} \qquad (6-10)$$

金融排斥度对"软信息"成本求导得：

$$\frac{\partial E}{\partial S_i} = \frac{L_i}{A_i} \qquad (6-11)$$

从式（6-9）中可以看出，金融机构对中小企业是否提供贷款的决策依赖于中小企业的"软信息"成本、"硬信息"成本、贷款的额度、金融机构的风险胃口等。

在传统征信模式下，"软信息"的成本是非常巨大的，更多的是不可客观评价的，而在大数据征信模式下，通过对中小企业管理者人品、企业日常生产等"软信息"进行加工、处理，使得"软信息"的成本得到大幅下降，且是可以统一进行量化评价的（谢平、邹传伟等，2014）。由式（6-11）可知，随着"软信息"成本的降低，金融排斥度也降低。

那么，金融排斥度的关系就表示为：

E（大数据征信模式）<E（传统征信模式）

因此，大数据征信降低了中小企业的"软信息"成本，从而使得金融机构对中小企业的风险定价更为科学、合理，能以更小的成本识别更多的企业风险，降低了金融机构对中小企业贷款的排斥程度，也就是提高了对中小企业金融需求的满足程度。

三、数值模拟与结果分析

谢平等（2014）认为互联网技术可以大幅度降低金融机构的信息成本，其中，仅手机银行业务就可以为银行的每笔交易节约至少80%的交易成本。而大数据技术可以降低中小企业信贷过程中的信息收集成本、人工调查成本等。本节通过对式（6-9）进行数值模拟以验证大数据征信技术降低交易成本的程度对中小企业信贷融资可得性的影响程度。在式（6-9）中有三个外生变量，即贷款额度 L_i、风险胃口 A_i 和筹集抵押品的成本 α_i。在数值模拟时，先对这三种外生变量进行赋值。

假设贷款额度 $L_i = 1$，风险胃口 A_i 和筹集抵押品的成本 α_i 取不同的值，然后，选取三种不同的情况，即大数据征信带来的"软信息"成本和传统征信模式下"硬信息"成本变化幅度不同（同比例变换、"软信息"成本降低幅度大、"软信息"成本降低幅度小），对本节构建的大数据征信与中小企信贷融资模型进行数值模拟和结果分析①。在这三种情况下的中小企业信贷融资的被排斥程度的数值模拟结果如表 6-1 所示。

表 6-1　大数据征信降低"软信息"成本与中小企业信贷融资被排斥度的数值模拟结果

	S_i 和 H_i 同比例变化				S_i 比 H_i 降低幅度大				S_i 比 H_i 降低幅度小			
$S_i =$	1	0.5	0.3	0.1	0.4	0.2	0.1	0.05	0.8	0.4	0.2	0.1
$H_i =$	1	0.5	0.3	0.1	0.8	0.4	0.2	0.1	0.4	0.2	0.1	0.05
$A_i = 1$，$\alpha_i = 0$	**1**	**0.5**	**0.3**	**0.1**	**0.4**	**0.2**	**0.1**	**0.05**	**0.8**	**0.4**	**0.2**	**0.1**
$A_i = 1.3$，$\alpha_i = 0.3$	**1**	**0.5**	**0.3**	**0.1**	**0.49**	**0.25**	**0.12**	**0.06**	**0.71**	**0.35**	**0.18**	**0.09**
$A_i = 1.5$，$\alpha_i = 0.5$	**1**	**0.5**	**0.3**	**0.1**	**1.2**	**0.27**	**0.13**	**0.07**	**0.67**	**0.33**	**0.17**	**0.08**

注：表中加粗的数值为中小企业信贷融资的被排斥度。

从大数据征信与中小企业信贷融资模型来看，当金融机构为获取中小企业的"软信息"而发生的成本等于贷款额度时，交易就会因为没有收益而停止；从中小企业的角度来看，当中小企业的"硬信息"成本等于贷款额度时，交易就会由于中小企业不能从贷款中获得收益而停止，也就是说，如果其抵押品的筹集成本超过贷款额度，贷款对于中小企业来说就不是最佳选择。该结论也可以认为，这是在传统征信模式下的"软信息"背景下的中小企业信贷融资的被排斥程度。也就是表 6-1 中的第一列数值，中小企业信贷融资排斥度为 1。

在表 6-1 的数值模拟的结果中可以看出：首先，"软信息"成本和"硬信息"成本同比例变化时，中小企业信贷融资的被排斥程度是一样的；其次，当大数据技术带动"软信息"成本下降时，"软信息"成本下降到传统征信模式下"软信息"成本的 10%，中小企业信贷融资的被排斥程度

---

① 数值模拟的思路和过程如下：当 $S_i = 1$，$H_i = 1$ 时，$E = 1$。以此为基准，推算出 A_i、α_i 的三组取值，当 S_i、H_i 取不同比值时，可得 E 的数值。

就会下降到 8%~13%；最后，大数据征信即便使"软信息"成本的下降幅度比"硬信息"成本小，其中小企业信贷融资的被排斥程度也会得到显著下降，只是不如"硬信息"成本下降的效果更为显著。例如，"软信息"成本下降到传统征信模式下"软信息"成本的 10%，"软信息"成本下降幅度更大时，中小企业信贷融资的被排斥程度下降到 10%~13%；而幅度更小时，中小企业信贷融资的被排斥程度下降到 8%~10%。

综上所述，大数据征信能够显著降低获得中小企业"软信息"的成本，从而使得中小企业信贷融资被排斥度下降，即中小企业更容易获得信贷融资。虽然这种下降不如"硬信息"成本下降带来的效果显著，但对中小企业信贷融资被排斥度的降低的程度是非常显著的。

第二节　大数据征信对中小企业信贷影响的实证检验

一、研究设计

1. 理论分析与研究假设

相较于大企业，中小企业的财务信息可靠性较低，银行向其提供贷款服务时面临严重的信息不对称现象。中小企业很难像大企业一样在财务报表等"硬信息"方面获得较高可信度，所以金融机构在对中小企业进行贷款时很大程度上依赖企业社会关系、行为方面的"软信息"。在传统征信模式下，"软信息"很难被"硬化"，也就是说其生产和运用都没有相应的技术来支撑，只能靠金融机构与企业的关系来人为判断，存在人为主观性。但随着互联网技术的发展，大数据技术为"硬化"中小企业的"软信息"提供了技术及数据支撑，而大数据征信中运用大数据技术对中小企业的信用水平进行评价就是对其"软信息"进行硬化的过程。

董晓林和张晓艳（2014）通过对江苏省农村金融市场进行调查发现，相较于金融机构的规模等因素，贷款技术的提高对中小企业信贷融资效率的提升效果更明显。这一研究就指出贷款技术是影响中小企业信贷融资的一个重要因素。在近些年来的研究中，很少有文献从贷款技术的角度对中小企业信贷的可得性进行研究。首先，Uchida 等（2012）对日本中小企业信贷融资领域的各项贷款技术进行了研究与总结，认为财务报表型的贷款技术（更多体现在传统的征信模式中）是最常使用的，且不同的贷款技术间的使用是不会互相排斥的。其次，Berger 等（2011）对美国的小企业贷款进行了研究，进一步比较了固定资产贷款技术（有抵押资产）和关系型贷款技术，认为大银行在固定资产贷款技术方面具有比较优势，而小银行在关系型贷款技术方面有优势。但这些研究都没有对大数据征信这种新型的贷款技术进行研究说明。基于前人的研究，本书认为，大数据征信是类似于关系型贷款技术的新型贷款技术，且能够把"软信息"进行"硬化"，实现对中小企业信用状况的量化，缓解授信机构与中小企业之间的信息不对称问题，提高中小企业从银行等授信机构获得贷款的可能性。因此可以假设，当其他条件一定时，大数据征信的发展对中小企业的信贷可得性具有一定的影响。

具体来讲，依据前文的相关研究，本书提出如下研究假设：

假设 1（H1）：当其他条件一定时，大数据征信所带来的征信广度的增加可以提高中小企业的信贷可得性。

假设 2（H2）：当其他条件一定时，大数据征信所带来的征信深度的扩展可以提高中小企业的信贷可得性。

2. 变量说明

（1）被解释变量。

理论说明部分采用金融排斥来衡量中小企业获得信贷融资的可能性。实证部分，基于数据方面的考量，笔者以信贷借款余额与资产总额的比值来表示信贷融资的可得性。这里的信贷借款余额以中小企业财务报表里的借款合计来衡量，即短期负债小计和长期负债小计之和。

（2）解释变量。

1）大数据征信发展指数。

由于大数据征信的发展还处于探索阶段，相关研究和统计结果还不成熟，因此目前还没有直接的指标来衡量大数据征信。因此本小节以大数据征信广泛参与后的征信体系发展指数作为大数据征信发展指数的替代指标。本书以邹氏检验得到的临界点作为划分样本区间的依据，临界点之前的征信广度、征信深度、征信体系发展指数作为传统征信的指标，而临界点之后的征信广度、征信深度及征信体系发展指数作为由大数据征信参与后的征信指标。通过对比大数据征信广泛参与前后征信体系对中小企业信贷的影响来检验大数据征信对中小企业信贷的促进作用及影响机制。由第五章的研究结果可知，临界点为 2015 年。

目前征信体系发展指数主要包括两个方面：征信广度指数（CBI）和征信深度指数（CDI）（龙海明、王志鹏，2017），采取世界银行 2004 年开始的营商环境项目所统计的相关数据。其中，征信系统广度是指公共征信覆盖率与私营征信机构的覆盖率之和，该指标是征信机构所公示的近五年有借贷历史记录的个人数量占成年人的比重；而征信系统深度是指征信机构所获取的信用信息的范围、质量等，该指标按 0~8 分为 8 个等级的评分[1]，主要是反映从公共或私营征信机构获取信用信息的范围、便利性及质量。

借鉴龙海明、王志鹏（2017）的研究，征信系统发展指数＝征信深度指数×征信广度指数。

---

[1]　如果公共或私营征信机构不运作或覆盖不到5%的成年人口，信用信息深度指数的得分为0，否则，对一国的征信机构进行如下8项评分：是否同时披露企业和个人的信息；是否同时披露正面和负面的信息；是否发布除金融机构数据外的零售商或公用事业公司的数据；是否至少披露两年的历史信息且并不迅速抹去企业的违约贷款记录；是否披露贷款额低于人均收入的1%的贷款交易数据；借款人是否可依法查询其自身的信用信息；是否允许银行和其他金融机构在线访问信用信息；征信机构是否可帮助金融机构评估借款人信誉。每项合格得 1 分，否则得 0 分，指数为0~8。8 项求和得到的总分越高，表示从公共或私营征信机构获取有关借款人的历史借贷信息越多，越有利于其正确评估借款人的信用状况。

2）软信息成本变量。

"软信息"成本的衡量难以用成本的变量直接衡量，本书借用信息透明度来衡量中小企业的软信息成本，因为企业的信息越透明，其获得软信息的成本就会越低，反之则越高。根据已有研究，企业信息透明度可以用中小企业过去一年的操纵性应计项目的绝对值来衡量。

$$IC = -abs（DA_{i,t-1}）\tag{6-12}$$

其中，DA 为操纵性应计利润，由琼斯模型计算而得（胡国晖、李雪玲，2018）。

（3）控制变量。

本书选取了与企业特征有关的 7 个控制变量，因为这些变量都会对中小企业的信贷融资产生影响。包括企业的规模、盈利能力、成长性、杠杆、资产结构、企业年龄和企业的产权性质。本书中的变量含义具体如表 6-2 所示。

表 6-2　变量选取与说明

变量类型	变量名称	符号	变量含义与说明
被解释变量	信贷融资可得性	L	信贷借款余额/资产总额
解释变量	"软信息"成本	IC	琼斯模型中的中小企业的信息透明度
	大数据征信广度	CBI	公共征信覆盖率+私营征信覆盖率
	大数据征信深度	CDI	指数的范围是 0~8，分值越高，说明获取借款相关信息越多，越有利于其准确评估贷款者的信用状况
	大数据征信发展	PPCDI	征信广度指数×征信深度指数
控制变量	企业规模	size	期末资产总额的自然对数
	盈利能力	profit	资产收益率（年末净利润/年末总资产）
	成长性	growth	主营业务收入增长率（当年主营业务收入总额-上一年主营业务收入总额）/上一年主营业务收入总额
	财务杠杆	leve	资产负债率（总负债/总资产）
	资产结构	as	当年年末固定资产总额/当年年末资产总额
	企业年龄	age	企业成立的年限（取整数）
	企业产权性质	state	企业的实际控制人是否属于政府机构，如为政府机构取 1，反之取 0

3. 样本及数据来源

本书所采用的数据来自深交所中小板上市企业 2011 年 1 月到 2018 年 12 月的银行贷款数据。其中，征信深度和征信广度数据来源于世界银行数据库；相关的控制变量均来源于 CSMAR 数据库，并以 Wind 数据库为补充。初始样本包括 3564 个总贷款公告，根据本书的研究目的，从中剔除掉：金融类企业以及 ST、＊ST 企业；还未签约成功和没有具体贷款金额的企业。筛选之后，最终的有效样本为 209 个。数据统计软件为 Stata14.2。对所有连续变量在 1% 的水平上进行缩尾处理以消除极端值的影响。

4. 模型构建

依据本章理论模型构建了本节的变量及模型，构建征信系统发展及征信系统深度和广度两个模型，其中下标 i 代表中小企业，t 代表年份，控制变量 X_{it} 包括：企业的规模（size）、盈利能力（profit）、成长性（growth）、杠杆（level）、资产结构（as）、企业年龄（age）和企业的产权性质（state），ε_{it} 为误差项。在此基础上，以 2015 年为界限，分别把两个模型再分为四个子模型，进行对比大数据征信广泛参与前后征信体系对中小企业的信贷融资的影响。其中，征信系统发展及征信系统深度和广度两个模型分别为：

$$L_{it} = \alpha_0 + \beta_1 IC_{it} + \beta_2 PPCDI_{it} + \beta_3 PPCDI_{it} \times IC_{it} + \gamma\, X_{it} + \varepsilon_{it} \quad\quad (①)$$

$$L_{it} = \alpha_0 + \beta_1 IC_{it} + \beta_2 CDI_{it} + \beta_3 CBI_{it} + \gamma\, X_{it} + \varepsilon_{it} \quad\quad (②)$$

二、实证结果分析

主要变量的描述性统计如表 6-3 所示。

从中可以看出，在信息成本和征信体系方面都存在较大的差异，标准差都较为明显，而且征信广度的跨度较大。在企业的产权方面，均值为 0.1503，表明非国有的企业控制人在中小企业中所占的比重较大。

在进行回归分析之前，对变量的相关性及多重共线性进行检验，结果显示相关系数绝对值小于 0.5，方差膨胀因子为 2.56，不存在多重共线性。

表 6-3　主要变量的描述性统计

变量	均值	标准差	最小值	最大值
L	0.8451	0.4213	0.2456	2.461
IC	−0.0786	0.0943	−0.0001	−0.5436
CBI	44.8473	33.2645	10.5	114.3
CDI	6.4562	0.8423	6	8
PPCDI	272.1302	271.2451	40.3	894.2
size	21.3451	0.8401	19.3245	22.7573
profit	0.0432	0.0647	−0.5341	0.3762
growth	0.3471	1.8475	−0.8461	18.9340
leve	0.4457	0.1845	0.0551	0.8345
as	0.2413	0.1345	0.0007	0.6984
age	14.4631	4.6123	6	31
state	0.1503	0.3546	0	1

　　首先，2011～2018 年的全样本区间对整体征信发展水平对中小企业信贷的影响进行了检验，由表 6-4 前两列估计结果可知，"软信息"成本与中小企业信贷融资可得性之间为显著负相关关系，系数分别为 −3.2135、−2.9321，说明"软信息"成本越低，中小企业的信贷融资可得性越高；征信广度、征信深度、征信系统发展指数与中小企业信贷融资可得性之间呈现显著正相关关系，系数分别为 0.0204、0.4014、0.0051，显著水平分别为 10%、10% 以及 1%。说明征信系统越发达，中小企业信贷融资可得性越高。

　　其次，征信深度指数的显著性要比征信广度指数的显著性好，这说明征信深度的加深会提高中小企业获得信贷融资的概率，而且要比征信广度重要，也就是说信息的质量、利用的深度等更为重要。

　　再次，模型①还关注了信息成本和征信系统发展指数交乘项的系数，为-0.0237，显著水平为5%，说明征信系统的发展可以弥补中小企业信息不透明所带来的信息成本的增加，征信系统是可以克服中小企业在信贷市场上的信息不对称现象的。也就是说，征信系统的发展有利于银行等金融机构获取中小企业的更多、更全面的信息，减少放贷机构与借款者之间的信息不对称，提高放贷机构的信用风险评估能力，从而提高了中小企业的信贷融资可得性，降低了中小企业的信贷配给。

为了更加清晰地区别大数据征信参与前后征信体系对信贷的影响，本书以大数据征信广泛应用前后的征信系统发展指数对中小企业信贷融资可得性的影响为对比，以检验大数据征信对中小企业信贷的影响。基于第五章实证分析部分对大数据征信发展临界点的检验，本部分仍将样本分为2015年之前（传统征信）和2015年之后（有大数据征信参与后）两个区间，对比大数据征信和传统征信在促进中小企业信贷方面的作用。对数据进行回归估计后，所得的结果如表6-4所示。

模型（①）的结果显示，在大数据征信应用之后，征信系统发展指数对中小企业信贷融资的影响系数稍微有些增大，从0.0042增加到了0.0058，显著水平均为1%，说明相较于传统征信，大数据征信可以更为促进中小企业的信贷融资。

模型（②）的结果显示，在大数据征信广泛参与后，征信广度指数的系数从0.0154提高到了0.0245，均在10%的显著水平下显著，说明大数据征信在实施应用后，征信体系的广度得到显著变化，对中小企业的信贷融资可能性也产生了更为显著的变化。这主要是由于大数据征信通过大数据采集技术，对信息的采集范围更广，引入了很多非结构化、半结构化信息，更为全面和细致地反映了中小企业的信用状况，从而使得对中小企业的信用评估更为有效；因此，验证了H1。

最后，在征信深度指数方面，在大数据征信参与前后的对比中，征信深度的系数的值从0.3512增加到了0.4265，且显著水平从10%提升至5%，说明大数据征信应用后，征信深度更为显著地提高了中小企业的信贷融资的可获得性。大数据征信通过大数据分析模型，更深入地开发了信息的价值，对信息的利用质量更好，使银行等授信机构可以更有效地防范中小企业的信用风险，从而改善了中小企业的信贷融资环境。此结论验证了 H2。

表 6-4 模型估计结果

变量	全样本		区分样本区间：传统征信 vs. 大数据征信参与			
	（1）	（2）	（1）		（2）	
			传统征信	大数据征信参与	传统征信	大数据征信参与
IC	−3.2135 **	−2.9321 **	−3.5431 *	−3.6734 **	−2.8341 **	−3.0412 **
	（−2.05）	（−2.03）	（−1.96）	（−2.03）	（−2.14）	（−2.25）
CBI		0.0204 *			0.0154 *	0.0245 *
		（2.01）			（1.89）	（1.96）
CDI		0.4014 *			0.3512 *	0.4265 **
		（2.11）			（1.96）	（2.01）
PPCDI	0.0051 ***		0.0042 ***	0.0058 ***		
	（4.19）		（4.25）	（4.31）		
size	−0.3490	−0.2173	−0.4113	−0.4512	−0.1842	−0.1894
	（−1.78）	（−1.23）	（−1.45）	（−1.54）	（−0.65）	（−0.78）
profit	−9.7781	−10.3473	−8.0741	−7.6541	−13.6471	−12.1346
	（−1.56）	（−1.61）	（−1.45）	（−1.54）	（−1.55）	（−1.64）
growth	0.1478	0.1639	0.1456	0.1564	0.1065	0.1034
	（0.89）	（0.49）	（0.76）	（0.98）	（0.56）	（0.67）
leve	0.5467 *	0.5914	0.4341 *	0.4456 *	0.5341 ***	0.6541 ***
	（2.01）	（1.92）	（1.86）	（1.96）	（2.92）	（2.76）
as	−1.0123	−0.6361	−1.2726	−1.3542	−0.8764	−0.8456
	（−0.81）	（−0.51）	（−0.74）	（−0.87）	（−0.57）	（−0.64）
age	0.0561 *	0.0451 **	0.0024 *	0.0036 *	0.0542 **	0.0471 **
	（2.18）	（2.01）	（1.92）	（1.96）	（2.03）	（2.12）
state	3.1198 ***	3.0631 ***	3.1142 ***	3.4412 ***	2.8412 ***	2.8312 ***
	（2.99）	（3.72）	（3.15）	（3.03）	（3.21）	（3.45）

续表

变量	全样本		区分样本区间：传统征信 vs. 大数据征信参与			
	(1)	(2)	(1)		(2)	
			传统征信	大数据征信参与	传统征信	大数据征信参与
IC× PPCDI	−0.0237**		−0.0245**	−0.0541**		
	(−1.99)		(−2.03)	(−2.04)		
常数项	9.5678***	10.3671***	10.2541*	10.4231*	12.2531**	11.3541***
	(2.46)	(3.05)	(1.87)	(1.94)	(2.12)	(2.35)
R²	0.245	0.261	0.218	0.225	0.207	0.305
F	13.45	16.34	11.02	12.04	20.46	14.78

注：括号内为 t 统计值，*、**、*** 分别表示在 10%、5%、1%水平下显著。

三、稳健性检验

为了进一步验证表 6-5 中回归结果的稳健性，笔者对该结果做了一系列的稳健性检验。

首先，样本中包含了不同的年度和行业，模型中的控制变量基本为企业特征方面的变量，对年度和行业没有进行分为细致的考量，为控制模型的年度效应和行业效应，本书在上述模型中加入了年度的和行业的虚拟变量；其次，上述模型对连续变量只做了 1%的缩尾处理，可能还存在极端值的影响。因此，为检验模型的稳健性，本书又分别对连续变量做了 3%、5%、7%的缩尾处理①。经检验，模型的回归结果并没有实质性的改变。所以，从这两方面来看，模型具有稳健性。

其次，采用中小企业银行承兑汇票的累计发生额与企业数量的比值作为被解释变量——信贷融资可得性的代理变量进行稳健性检验。中小企业对信贷融资需求一般具有短期的特点，对于金融机构来说，银行承兑汇票的手续简单，可以反映短期贷款。刘萍（2005）的研究认为，中小企业从银行获得信贷融资的主要方式就是票据融资。经过检验，无论是大数据征

---

① 本书中仅体现缩尾处理为 5%的检验结果。

信参与前还是参与后，模型中征信系统发展指数与中小企业信贷融资可得性都呈显著正相关，系数分别为0.0142、0.0154，显著水平均为1%，即征信体统越发达，中小企业获得信贷融资的可能性就越高，与前文结论保持一致。

最后，"软信息"成本还可以采用深圳证券交易所披露的信息披露考核结果来衡量，其信息的披露越好，获得"软信息"的成本就越低。因此，可以对考评结果的优秀、良好、合格与不及格分别赋值以替代原有模型中的"软信息"成本。经过检验，无论是大数据征信参与前还是参与后，模型中的信息成本的系数显著都为负，系数分别为-2.6342、-3.1402，均在5%的水平上显著，这一方面，说明"软信息"成本越低，中小企业越容易获得银行的贷款；另一方面，从大数据征信应用前后的对比中可以看出，大数据征信的应用可以更好地降低软信息成本，从而更有效地促进中小企业的融资，这与前文的结论基本一致。

表6-5　稳健性检验

（区分样本区间：传统征信 vs. 大数据征信参与）

变量	（1）		（2）	
	传统征信	大数据征信参与	传统征信	大数据征信参与
IC	-3.3411*	-3.6132**	-2.6342**	-3.1402**
	(-1.99)	(-2.05)	(-2.04)	(-2.23)
CBI			0.0154*	0.0245*
			(1.89)	(1.96)
CDI			0.3512*	0.4265**
			(1.96)	(2.01)
PPCDI	0.0142***	0.0154***		
	(3.25)	(3.31)		
size	-0.3103	-0.4362	-0.1672	-0.1804
	(-1.49)	(-1.59)	(-0.68)	(-0.94)
profit	-8.0741	-7.3441	-11.6471	-11.1336
	(-1.78)	(-1.59)	(-1.69)	(-1.81)

续表

变量	(1)		(2)	
	传统征信	大数据征信参与	传统征信	大数据征信参与
growth	0.1156	0.1564	0.1155	0.1234
	(0.96)	(0.93)	(0.86)	(0.97)
leve	0.4341*	0.5156*	0.5241***	0.7541***
	(1.96)	(2.06)	(2.42)	(2.56)
as	−1.2426	−1.2342	−0.7764	−0.8456
	(−0.94)	(−0.87)	(−0.77)	(−0.94)
age	0.0124*	0.0136*	0.0532**	0.0371**
	(1.99)	(1.96)	(2.33)	(2.52)
state	3.1042***	3.4512***	2.8412***	2.4162***
	(3.25)	(3.53)	(3.61)	(3.35)
IC× PPCDI	−0.0345**	−0.0341**		
	(−2.13)	(−2.24)		
常数项	11.2241*	10.5431*	13.3531**	12.2541***
	(1.87)	(1.94)	(2.32)	(2.45)
Year	是	是	是	是
Industry	是	是	是	是
R^2	0.208	0.235	0.217	0.306
F	10.02	13.04	19.46	15.78

注：括号内为 t 统计值，*、**、*** 分别表示在 10%、5%、1% 水平下显著；缩尾处理为 5%。

总之，在经过了一系列的稳健性检验后，该回归结果是稳健的，并未发生根本性的改变。

第三节 结论

相较于传统征信，大数据征信具有数据来源广、数据更新及时、评估深入全面等特点，这些特点使得大数据征信可以对传统征信无法有效覆盖的群体进行准确、快速、便捷的信用评估，显著降低个人及中小企业信贷领域的信息不对称问题，降低信息成本，提高信息获取效率。

本章基于信息不对称、交易费用、声誉三个不同视角构建的大数据征信影响信贷的作用机制，从理论证明和实证检验两个层面验证了大数据征信对中小企业信贷融资的促进作用。

本章的研究结论主要有以下三点：

第一，大数据征信降低了中小企业的"软信息"成本，从而使得金融机构对中小企业的风险定价更为科学、合理，从而降低了金融机构对中小企业贷款的排斥程度，也就是提高了对中小企业金融需求的满足程度。

第二，当大数据技术带动"软信息"成本下降时，"软信息"成本下降到传统征信模式下"软信息"成本的10%，中小企业信贷融资的被排斥程度就会下降到8%～13%；而且，大数据征信即便使"软信息"成本的下降幅度比硬信息成本小，中小企业信贷融资的被排斥程度也会得到显著下降，只是不如硬信息成本下降的效果更为显著。例如，"软信息"成本下降到传统征信模式下"软信息"成本的10%；"软信息"成本下降幅度更大时，中小企业信贷融资的被排斥程度下降到10%～13%；而幅度更小时，中小企业信贷融资的被排斥程度下降到8%～10%。

大数据征信能够显著地降低获得中小企业软信息的成本，从而使得中小企业信贷融资被排斥度下降，也就是中小企业更容易获得信贷融资。虽然这种下降不如"硬信息"成本下降带来的效果显著，但对中小企业信贷融资被排斥度的降低的程度是非常显著的。

第三，在大数据征信应用之后，征信系统的发展更为显著地促进了中小企业的信贷融资。具体而言：一是大数据征信推动了征信体系的广度的显著变化，从而更为显著且明显地促进了中小企业的信贷融资；二是大数据征信引入了很多非结构化信息，对信息的采集范围更广，利用的质量更好，使中小企业的信用评估更为有效、银行能更有效地防范中小企业的信用风险，从而改善了中小企业的信贷融资环境。

　　总而言之，本章的理论与实证都肯定了大数据征信对中小企业信贷融资的促进作用。理论证明部分提出了大数据征信能够促进中小企业信贷融资的原因是降低了获取中小企业"软信息"的成本，而且进一步得知，即便大数据征信带来的"软信息"成本下降不如"硬信息"成本下降带来的效果显著，但"软信息"下降一定会促进中小企业的信贷融资；实证部分对理论进行了实际的验证，采用中小企业的数据，证实大数据征信推动了征信体系的发展，从而改善了中小企业的信贷融资环境。

结论与政策建议

第一节　研究结论

"大数据"自 2011 年进入人们视野后，已逐渐渗入到各个领域，其理论应用到征信领域，形成了大数据征信。大数据征信凭借海量、非结构化的数据，快速的分析与处理及动态的变化等特点颠覆了传统征信的业务模式。这些特点使得大数据征信可以覆盖传统征信无法覆盖的群体，评估时间上不断追随被评价主体信息的变化，使得信用评估实现了动态评估与实时监测。因此，大数据征信广泛地应用于个人信贷（尤其是纯信用信贷）及中小企业信贷中。大数据征信的快速发展与广泛应用的实质就是大数据征信相较于传统征信来说，降低了信息的获取成本。

本书首先对征信、大数据征信的相关理论与大数据征信影响信贷的相关研究进行梳理与评述，了解目前大数据征信及大数据征信对信贷的影响的相关研究现状；其次对大数据征信在现实中对信贷的影响效应进行分析；再次在理论逻辑与实际现状分析的基础上，基于信息不对称、交易费用、声誉三个不同视角构建的大数据征信影响信贷的作用机制，说明大数据征信会缓解信息不对称、减少交易费用且能提供更好的声誉约束机制；最后从理论证明和实证检验两个层面验证了大数据征信对个人信贷及中小企业信贷融资的促进作用，具体结论如下：

第一，大数据征信的发展有利于银行获取个人客户的更多更全面的信息，减少了银行与贷款者之间的信息不对称；有利于降低银行的获客成本和降低个人信用卡贷款的借贷成本；使银行对个人信用风险的评估更为准确，从而加大个人获取银行贷款的可能性，且由于在放贷前能够充分掌握贷款者的信息，放贷后也通过大数据征信实时跟踪贷款者相关情况，做好风险防控工作；极大程度上降低了个人信用卡贷款不良率，提升了信用卡贷款的质量。

第二，通过对比传统征信和大数据征信发现，大数据征信促进信用卡贷款的作用更明显、有效性更显著。主要原因在于大数据征信具有覆盖率更广、信息更为及时的优势。

第三，大数据征信广度和深度对信用卡贷款的影响略有差异。征信覆盖的广度显著地促进了银行的信用卡业务，有利于增加信用卡贷款的规模、降低信用卡贷款的成本以及提升信用卡贷款的质量、降低信用卡贷款的不良率。但征信覆盖的深度对信用卡贷款的促进作用并不显著。大数据征信降低了中小企业的"软信息"成本，从而使得金融机构对中小企业的风险定价更为科学、合理，能以更低的成本识别更多的企业风险，降低了金融机构对中小企业贷款的排斥程度，提高了对中小企业金融需求的满足程度。

第四，大数据征信能够显著降低获得中小企业"软信息"的成本，使得中小企业信贷融资被排斥度下降，即让中小企业更容易获得信贷融资。虽然这种下降不如"硬信息"成本下降带来的效果显著，但对中小企业信贷融资被排斥度的降低的程度是非常显著的。

第五，在大数据征信被应用之后，征信系统的发展更为显著地促进了中小企业的信贷融资，具体而言：一是大数据征信推动了征信体系广度的显著变化，从而更为显著且明显地促进了中小企业的信贷融资；二是大数据征信引入了很多非结构化信息，对信息的采集范围更广、利用的质量更好，使中小企业的信用评估更为有效并且使银行能更有效地防范中小企业的信用风险，进而改善中小企业的信贷融资环境。

综上所述，大数据作为新兴的应用征信技术，不再局限于传统的结构化、强相关的数据进行征信的模式，而是选取海量的、非结构化的数据，不再只是关注数据相关性，而是运用新型的大数据技术进行数据挖掘，使大数据征信能够快速处理和分析个人及中小企业的信用水平，且能够动态地、实时地对所评估的信用进行监测。因此，大数据征信可以覆盖传统征信无法覆盖的群体并实现了动态评估与实时监测。

本质上来说，大数据征信比传统征信降低了信息获取、信用评估及事后监测的成本。这是因为，首先，传统征信不是不能做到获取个人及企业的信息（如财务数据），而是成本极高且真实性不强；其次，传统征信不是不能做事后的监测，而是要为事后监测付出更多的人力、物力，提升了交易成本。大数据征信降低了交易的成本，也更好地缓解了信息不对称的问题，因此才能对个人及中小企业的信贷起到更好的促进作用。

第二节　政策建议

本书的研究证明了大数据征信在个人及中小企业信贷融资领域的优势。当下我国社会信用体系的建设步伐不断加快，网络技术与计算机技术不断进步，征信的发展也要适应大数据时代的创新与变革。基于本书的研究成果，笔者提出了以下关于发展大数据征信的政策建议。

一、充分发挥大数据征信助力个人及中小企业信贷融资的作用

个人及中小企业是传统金融的薄弱环节，因为多数个人及中小企业的信贷需求通常具有以下特点：第一，无法提供传统征信要求的信用证明；

第二，缺乏抵质押品、担保机制；第三，交易存在少、急、频等特点。因此，传统征信服务个人及中小微企业信贷的成本较高、效率较低。

大数据征信在服务"长尾客群"、强调客户个性需求及高效便捷方面有先天优势，因此应充分发挥大数据征信对个人及中小企业信贷融资的促进作用，助力我国普惠金融的发展。大数据征信的数据采集及分析技术能够解决传统征信无法解决的问题，触及传统征信无法触及的地方，对我国个人及中小企业信贷的发展具有很大促进作用。第三方征信机构作为信息传递的纽带，利用大数据拓宽信用信息的来源和征信产品的应用范围，多维度、全方位展示个人及中小企业的信用和风险状况，更好地帮助缺少信用记录的个人及中小企业获取贷款，推动我国普惠金融的发展，实现信用信息的全生命周期全覆盖。科技技术的进步提升了大数据处理海量信息的能力，通过发展大数据征信，更多低收入个体及企业享受到了金融带来的实惠与便利；通过建立大数据信用信息数据库，解决信用信息共享中的数据孤岛问题，实现了在大数据时代普惠金融应有的高效和便捷。

二、充分利用大数据技术拓展征信的广度、提升征信的深度

本书第五章、第六章从征信的广度和深度两方面研究了大数据征信对个人及中小企业信贷的影响，实证结果显示，征信广度和深度的增加对个人及中小企业信贷具有显著的促进作用。因此，我们必须把握好这次大数据革新的机会，将大数据技术与征信实践充分融合，从征信的广度和深度两方面充分发挥大数据征信的优势。

在征信的广度方面，信息技术的发展为征信实践注入新活力的同时，也带来了新的机遇。大数据技术解决了海量征信信息的采集与存储问题，与传统征信对信息的获取方式相比，通过互联网获取信息的大数据征信收集信息的成本更低、效率更高，且其信息储存方式更具稳定性，所得信息真实性、有效性、准确性也有充分保证。征信机构应充分重视信用信息的

积累及自身数据存储能力的提升，从数据的维度、内容、形式、来源等方面拓展信用信息的范围，提高征信的广度，从而促进我国征信实践朝全人群覆盖、全信息视角方向发展。尤其是在"软信息"方面，我国应尽快建立相关数据库，在数据安全可靠的基础上，整合、拓展信用信息内容和范围。

与此同时，提升征信深度的重要性也不容小觑。大数据的真正价值在于数据被深度挖掘、分析后带来的新知识和新价值。因此，征信机构应充分重视数据清洗、挖掘与分析技术的开发和利用，提高对信用信息挖掘、分析的深度及精确度，将数据背后的价值真正开发出来。信息处理技术的发展和支持对于征信深度的拓展起着至关重要的作用，技术的创新和发展需要国家以金融市场的充分支持，因此政府相关部门可以颁布相关扶持政策，鼓励大数据处理技术的创新与应用。

三、尽快完善大数据征信发展的相关配套基础设施

在我国，不管是在个人信贷领域还是在企业信贷领域，大数据征信要达到成熟阶段都还有很长的路要走。市场和技术的发展是一方面，大数据征信相关配套基础设施的建设也是至关重要，而我国在这些配套基础设施上相对比较欠缺，具体的完善措施主要有以下两方面：

1. 健全相关法律法规及信息标准

大数据是一把"双刃剑"，在充分发挥大数据征信的优势的同时也应注意大数据在个人隐私、信息安全等方面的劣势。完善的法律法规体系可以降低市场运行的交易成本、提高市场运行的效率，以此来保障信用体系建设稳步发展。目前我国征信相关法律法规只有《征信业管理条例》，并且尚需完善，相关实施细则还不明确。随着大数据征信信息采集技术的发展，信用主体的信用信息也会随之增值，因此，出台个人信息保护方面的法律法规迫在眉睫，与此同时，信息公开机制、信息使用机制、信用奖惩机制、信用修复机制等也需要法律的规范与保护，形成良好的信用信息共享

机制。

信用数据的流通、整合需要统一的信息采集和发布标准。为了实现数据在各个渠道、领域、地域及行业之间的互通互融，结合大数据技术发展的进程，应尽快建立统一的大数据采集、分类及管理标准，并鼓励国家各级部门、市场各行业以此为准则制定合理的信用信息核验、报送及使用制度，提升数据融合力。

2. 健全大数据、大数据征信相关人才培养体系

在迎接大数据征信的同时，我们不能忽略大数据在大数据征信发展中的核心地位，更不能忽视大数据人才的储备和培养是大数据征信发展的重要根基，我们必须把大数据、大数据征信人才的培养作为基础工程，给予充分重视。大数据的发展价值堪比黄金和石油，其发展的关键还是需要人才的支撑。大数据频频引发市场与资本热烈关注的同时，大数据人才的短缺也成为了亟待解决的问题。

《2016年中国互联网最热职位人才库报告》（以下简称《报告》）显示，数据分析师是大数据团队中的核心人才，在团队架构中起着关键作用，数据分析师是互联网行业中需求最大的职位之一。《报告》指出，当前我国数据分析人才的供给指数只有 0.05，为高度稀缺性人才；数据分析人才跳槽频率最高，平均跳槽时间仅有 19.8 个月。虽然国内外各类统计报告中对于我国未来大数据人才缺口的具体数字的估计有较大差别①，但毋庸置疑的是，要迎接大数据、大数据征信的挑战，必须把握规律，瞄准未来，健全大数据、大数据征信相关人才的培养体系。

目前，我国的大数据、大数据征信人才主要来自海归人才、工程师社群及部分高校。在我国高校教育中，大数据相关人才的培养存在着起步晚和规模不足等问题。虽然来自企业与科研机构的工程师社群一定程度上可以弥补人才从高校到直接就业之间的经验落差，但无法形成科学的体系。此外，海归人才也面临着国外与国内商业环境的种种差异。因此，我国高校

---

① 有的认为有数百万，有的估计将达上千万，由于诸如此类的估计仅关乎企业大数据人才缺口的统计，只能初步提供一个相对参考。

应加强大数据、大数据征信相关学科的建设，为提供更持久、更好的大数据处理与分析技术提供坚实后盾；发展数据科学学科，加强数据学科和专业，强化数据科学学科的理论建设，形成健全的教师人才培养体系。

第三节　研究的进一步展望

从 2011 年"大数据"一词的兴起，到大数据技术逐渐应用到个人征信领域，再到应用到中小企业的征信领域，大数据征信经过快速的发展，市场中也涌现了很多民营的、以大数据技术为基础的征信机构，快速推动了大数据征信在个人信用信贷（主要是一些短期的、小额的、无抵押的个人贷款）及中小微企业信贷领域的应用。大数据征信在实践领域，不断地快速发展，但是相关的研究还处在初期阶段，且主要关注大数据征信的实践描述，对理论探讨、实证检验关注不足，对信贷影响的关注也不足。虽然本书在这三方面做了初步的尝试，但是还需要更多学者进行更进一步的细化与研究。

技术是导致大数据征信对信贷有影响的重要因素之一，对于大数据技术影响效应的量化与检验也值得进一步探索和研究，为大数据、大数据征信的发展提供更为具体的经验借鉴。

参考文献

[1] Abroad A. , Choong Y. V. , Muthaiyah S. , et al. Adopting e - finance: Decomposing the technology acceptance model for investors [J]. Service Business, 2015, 9 (1): 161-182.

[2] Agarwal S. , Hauswald R. Distance and private information in lending [J]. Review of Financial Studies, 2016, 23 (7): 2757-2788.

[3] Akerlof George. The market for lemons: Qualitative uncertainty and the market mechanism [J] . Quarterly Journal of Economics, 1970, 84 (3): 488-500.

[4] Soner Akko. An empirical comparison of conventional techniques, neural networks and the three stage hybrid adaptive neuro fuzzy inference system (ANFIS) model for credit scoring analysis: The case of turkish credit card data [J]. european journal of operational research, 2012, 222 (1): 168-178.

[5] Altunbas Y. , Binici M. , Gambacorta L. , Macroprudential policy and bank risk [J]. Money Finance, 2017, 81: 203-220.

[6] Angelini E. , Tollo G. D. , Roli A. A neural network approach for credit risk evaluation [J]. Quarterly Review of Economics & Finance, 2008, 48 (4): 733-755.

[7] Atanasova C. How do firms choose between intermediary and supplier finance? [J]. Financial Management. 2012, 41 (1): 207-228.

[8] Berger A. N. , Udell G. F. Small business credit availability and relationship lending: The importance of bank organizational structure [J]. The

Economic Journal, 2002, (202): 32-53.

[9] Bharathidason S., Venkataeswaran C. Improving classification accurac y-bas ed on random forest model with uncorrelated high performing trees [J]. International Journal of Computer Applications, 2014, 101 (13): 26-30.

[10] Bolton P., Freixas X. Shapiro J. The credit ratings game [J]. The Journal of Finance, 2016, 67 (1): 85-111.

[11] Burtch Q., Ghose A., Wattal S. The hidden cost of accommodating crowd funder privacy preferences: A randomized field experiment [J]. Management Science, 2015, 61 (5): 949-962.

[12] Casey E., O' Toole C. M. Bank lending constraints, trade credit and alternative financing during the financial crisis: Evidence from European SMEs [J]. Journal of Corporate Finance, 2014, 27: 173-193.

[13] Chakraborty A. and Mallick B. Credit gap in small business: Some new evidence [J]. International Journal of Business, 2012, 17 (1): 65-80.

[14] Chen D., Han C. A comparative study of online P2P Lending in the USA and China [J]. Journal of Internet Banking and Commerce, 2012, 17 (2): 1.

[15] Chen J., Tao Y., Wang H. Big data based fraud risk management at alibaba [J]. Journal of Finance and Data Science, 2018, 1 (12): 1-10.

[16] Chen N., Ghosh A., Lambert N S. Auctions for social lending: A theoretical analysis [J]. Games and Economic Behavior, 2015, 86: 367-391.

[17] Claessens S., Ghosh S. R., Mihet R. Macro-prudential policies to mitigate financial system vulnerabilities [J]. Money Finance, 2013, 39: 153-185.

[18] Coulibaly B., Sapriza H., Zlate A. financial frictions, trade credit, and the 2008-09 global financial crisis [J]. International Review of Economics & Finance, 2013 (26): 25-38.

[19] Crook J. , Banasik J. Forecasting and explaining aggregate consumer-credit delinquency behavior [J]. Int. J. of Forecasting, 2012, 28 (1): 145-160.

[20] D. B. Klein. Promise keeping in the great society: A model of credit information sharing Econ [M] . Politics, 1992 (4): 117 - 136.

[21] Diamond D. W. Monitoring and Reputation: The choice between bank loans and directly placed debt [J] . Journal of Political Economy, 1991, 99 (4): 689-721.

[22] Einav L. , Jenkins M. , Levin J. The impact of credit scoring on consumer lending [J]. RAND Journal of Economics, 2013, 44 (2): 249-274.

[23] Engelmann B. , Hayden E. , Tasche D. Testing rating accuracy [J]. Risk, 2003, 16 (1): 82-86.

[24] Ermisoglu, Ergun, Akcelik. GDP growth and CREDIT data [R]. MPRA Working Paper, 2013.

[25] Ghatasheh N. Business analytics using random forest trees for credit risk prediction: A comparison study [J]. International Journal of Advanced Science and Technology, 2014 (72): 19-30.

[26] Ghatge A. , Halkarnikar P. Ensemble neural network strategy for predicting credit default evaluation [J]. Int. J. of Eng. and Innovative Tech (IJEIT), 2013 (2): 223-225.

[27] Ghodselahi A. , Amirmadhi A. Application of Artificial intelligence techniques for credit risk evaluation [J]. Int. J. of Modeling and Optimization, 2011, 1 (3): 243-249.

[28] Gomariz M. F. , Ballesta J. P. Financial reporting quality, debtmaturity and investment efficiency [J]. Journal of Banking & Finance, 2014, 40: 494-506.

[29] Grinberg R. Bitcoin: An innovative alternative digital currency [J]. Hastings Science & Technologies Law Journal, 2012 (4): 159.

［30］ Herzenstein M. , Dholakia U. M. , Andrews R. L. Strategic herding behavior in peer-to-peer loan auctions ［J］. Journal of Interactive Marketing, 2018, 25 (1): 27-36.

［31］ Joseph E. Stiglitz, Andrew Weiss. Credit rationing in markets with imperfect information ［J］. The American Economic Review, 1981, 71 (3): 393-410.

［32］ J. P. Morgan. Credit metrics TM technical document ［M］. New York, April, 1997.

［33］ Jian SHI, Shu - you ZHANG, Le - miao QIU. Credit scoring by feature-weighted support vector machines ［J］. Journal of Zhejiang University-Science C (Computers & Electronics), 2013 (3): 197-204.

［34］ Khashman A. Neural networks for credit risk evaluation: Investigation of different neural models and learning schemes ［J］. Expert Systems with Applications, 2016, 37 (9): 6233-6239.

［35］ Klapper L. , Laeven L, Rajan R. Trade credit contracts ［J］. Review of Financial Studies, 2014, 25 (3): 838-867.

［36］ Kling G. , Paul S. , Gonis E. Cash holding, trade credit and access to short-term bank finance ［J］. International Review of Financial Analysis, 2014 (32): 123-131.

［37］ Kuhen C. M. Asynumetric learning from financial information ［J］. Journal of Finance, 2015, 70 (5): 2029-2062.

［38］ Lee E. , Lee B. Herding behavior in online P2P lending: An empirical investigation ［J］. Electronic Cormrnerce Research and Applications, 2017, 11 (S): 495-503.

［39］ Lee R. S. Competing platforms ［J］. Journal of Economics and Management Strategy, 2014, 23 (3): 507-526.

［40］ Lin M. , Viswanathan S. , Prabhala N. R. Judging borrowers by the company they keep: Social networks and adverse selection in online peer-to-peer lending [J]. Management Science, 2012, 59 (1): 17-35.

[41] Love and N. Mylenko. Credit reporting and financing constraints [N]. World Bank Policy Research Working Paper, 2003 (3142).

[42] Marc D., Maurizio L. R. Local financial development and the trade credit policy of Italian SME [J]. Small Business Economics, 2018, 44 (4): 905-924.

[43] Martin B., Christian Z. The emergence of information sharing in credit Markets [J]. Journal of Finance Intermediation, 2010, 19 (2): 255-278.

[44] Mateut S. Reverse trade credit or default risk? Explaining the use of prepayments by firms [J]. Journal of Corporate Finance, 2014 (29): 303-326.

[45] Milad M., Vural A. Risk assessment in social lending via random forests [J]. Expert Systems with Applications, 2015, 42 (10): 4621-4631.

[46] Molina C. A., Preve L. A. An empirical analysis of the effect of financial distress on trade credit [J]. Financial Management, 2012, 41 (1): 187-205.

[47] Moreno A., Christian T. Doing business with strangers: Reputation in online service marketplaces [J]. Information Systems Research, 2014, 25 (4): 865-886.

[48] Ogawa K., Sterken E., Tokutsu I. The trade credit channel revisited: Evidence from micro data of Japanese small firms [J]. Small Business Economics, 2013, 40 (1): 101-118.

[49] Opp C. C., Opp M. M., Harris M. Rating agencies in the face of regulation [J]. Journal of Financial Economics, 2013, 108 (1): 46-61.

[50] Ozerturk S. Ratings as regulatory stamps [J]. Journal of Economic Behavior & Organization, 2014, 105 (9): 17-29.

[51] Qian J., Strahan P. E., Yang Z. The impact of incentives and com-

munication costs on information production and use: Evidence from bank lending [J]. The Journal of Finance, 2017, 70 (4): 1457-1493.

[52] Raquel F., Juan M. Modelling credit risk with scarce default data: On the suitability of cooperative bootstrapped strategies for small low-default portfolios [J]. Journal of the Operational Research Society, 2014 (65): 416-434.

[53] Pranab Bardhan, Christopher Udry. Microeconomics of development [M]. Peking University Press, 2010: 81-87.

[54] Samuel F. Credit information, consolidation and credit market performance: Bank-level evidence from developing countries [J]. International Review of Financial Analysis, 2014.

[55] Sheng H., Bortoluzzo A. B., dos Santos GAP. Impact of Trade Credit on Firm Inventory Investment during Financial Crises: Evidence from Latin America[J]. Emerging Markets Finance and Trade, 2013(49): 32-52.

[56] Stanko M. A., Henard D. H. How crowdfunding influences innovation [J]. MIT Sloan Management Review, 2016, 57 (3): 15.

[57] Tulli Jappelli, Marco Pagano. Role and effects of credit information sharing [R]. CSEF, Working Paper, 2005.

[58] Uchida H., Udell G. F. Watanabe W. Are trade creditors relationship lenders? [J]. Japan and the World Economy, 2013 (25): 24-38.

[59] Yingchun L., Liu Y. Random forest algorithm in big data environment [J]. Computer Modelling & New Technologies, 2014, 18 (12): 147-151.

[60] 蔡闽. 流量覆盖风险——网络小额信贷风险控制新思路 [J]. 金融研究, 2016 (9): 131-144.

[61] 曹劲. 新资本协议信用风险管理与违约定义和实现 [J]. 国际金融, 2010 (11): 23-29.

[62] 蔡金鑫, 王一卓, 郭文. 大数据背景下的个人征信体系建设研

究 [J]. 技术经济与管理研究, 2018 (3): 3-8.

[63] 曹廷贵, 苏静, 任渝. 基于互联网技术的软信息成本与中小企业金融排斥度关系研究 [J]. 经济学家, 2015 (7): 72-78.

[64] 常振芳. P2P 网贷创新与监管问题研究 [J]. 经济问题, 2017 (7): 53-57.

[65] 常新元. 中小金融机构发展与中小企业融资 [J]. 经济研究导刊, 2015 (20).

[66] 车耳. 信用制度深度透视 [M]. 北京: 人民邮电出版社, 2009.

[67] 陈彬, 卢荻, 田龙鹏. 商业信用、资源再配置与信用扭曲——基于中国非上市企业数据的研究 [J]. 南开经济研究, 2016 (5): 3-18.

[68] 陈道富. 我国融资难融资贵的机制根源探究与应对 [J]. 金融研究, 2015 (2): 45-52.

[69] 陈红梅. 互联网信贷风险与大数据 [M]. 北京: 清华大学出版社, 2015.

[70] 陈庭强, 何健敏. 基于复杂网络的信用风险传染模型研究 [J]. 中国管理科学, 2014 (11): 1-10.

[71] 陈霄. 民间借贷成本研究——基于 P2P 网络借贷的实证分析 [J]. 金融经济学研究, 2014 (1): 37-48.

[72] 陈秀梅. 论我国互联网金融市场信用风险管理体系的构建 [J]. 宏观经济研究, 2014 (10): 122-126.

[73] 陈忠阳, 郭三野, 刘吕科. 我国银行小企业信贷模式与风险管理研究——基于银行问卷调研的分析[J]. 金融研究, 2009(5): 169-185.

[74] 程新生, 谭有超, 刘建梅. 非财务信息, 外部融资与投资效率——基于外部制度约束的研究 [J]. 管理世界, 2012 (7): 137-150.

[75] 单良, 茆小林. 互联网金融时代消费信贷评分建模与应用 [M]. 北京: 电子工业出版社, 2015.

[76] 邓博文, 曹廷贵. 信用评级行业的监管与评级质量 [J]. 国际金融研究, 2016, 347 (3): 40-50.

［77］丁杰．互联网金融与普惠金融的理论及现实悖论［J］．财经科学，2015（6）：1-10.

［78］董晓林，朱敏杰，杨小丽．信息约束，网络结构与小微金融普惠机制设计——兼论我国互联网融资平台的规范发展［J］．金融经济学研究，2016（5）：96-105.

［79］方匡南，范新妍，马双鸽．基于网络结构 Logistic 模型的企业信用风险预警［J］．统计研究，2016，33（4）：50-55.

［80］冯文芳，李春梅．互联网+时代大数据征信体系建设探讨［J］．征信，2015（10）：36-39.

［81］耿得科，张旭昆．征信系统对银行不良贷款率的抑制作用——基于 2004~2008 年 92 个国家面板数据的分析［J］．上海经济研究，2011（7）：35-44.

［82］高文珺．大数据视野下的社会心态研究——基于复杂性理论与计算机模型的探讨［J］．经济研究，2017（6）：98-104.

［83］关伟．企业信用管理［M］．北京：中国人民大学出版社，2009.

［84］郭英见，吴冲．基于信息融合的商业银行信用风险评估模型研究［J］．金融研究，2009（1）：95-106.

［85］国际货币基金组织．世界经济展望［M］．北京：中国金融出版社，2016.

［86］胡国晖，李雪玲．信息透明度、征信体系与"小银行优势"——基于中小板上市企业的实证分析［J］．北京邮电大学学报，2018，20（5）：60-68.

［87］胡泽，夏新平，余明桂．金融发展，流动性与商业信用：基于全球金融危机的实证研究［J］．南开管理评论，2013，16（3）：4-15.

［88］互联网金融国家社科基金重大项目课题组，张兵，孙武军．互联网金融的发展、风险与监管综述——互联网金融发展高层论坛［J］．经济研究，2015（11）：183-186.

［89］黄余送．全球视野下征信行业发展模式比较及启示［J］．经济

社会体制比较，2013（3）：57-64.

［90］贾男，刘国顺．大数据时代下的企业信用体系建设方案［J］.经济纵横，2017（2）：40-44.

［91］李稻葵，刘淳，庞家任．金融基础设施对经济发展的推动作用研究——以我国征信系统为例［J］.金融研究，2016（2）：180-188.

［92］李建军，张丹俊．中小企业金融排斥的财务结构效应——来自我国中小企业板上市公司的微观证据［J］.经济管理，2016（6）：86-99.

［93］李莉，高洪利，陈靖涵．中国高科技企业信贷融资的信号博弈分析［J］.经济研究，2015（6）：162-174.

［94］李鑫，互联网金融的发展：基于文献的探究［J］.金融评论，2014（5）：114-123.

［95］李先瑞．刍议大数据征信在小微企业融资中的应用［J］.财务与会计，2015（13）：55-57.

［96］李焰，高弋君，李珍妮等．贷款者描述性信息对投资人决策的影响——基于P2P网络借贷平台的分析［J］.经济研究，2014(1)：143-155.

［97］李毅，姜天英，刘亚茹．基于不平衡样本的互联网个人信用评估研究［J］.统计与信息论坛，2017，32（2）：84-90.

［98］李悦雷，郭阳，张维．中国P2P小额贷款市场借贷成功率影响因素分析［J］.金融研究，2013（7）：126-138.

［99］廖理，吉霖，张伟强．借贷市场能准确识别学历的价值吗？——来自P2P平台的经验证据［J］.金融研究，2015（3）：146-149.

［100］林汉川，张万军，杨柳．基于大数据的个人信用风险评估关键技术研究［J］.金融研究，2016（2）：95-97.

［101］林平．大数据背景下加快我国征信市场发展的思考［J］.南方金融，2014（11）：7-11.

［102］林毅夫，孙希芳．信息、非正规金融与中小企业融资［J］，经济研究，2005（7）：35-44.

［103］刘海二，石午光．互联网金融的理论焦点与理论分歧［J］.经

济学家，2015（5）：62-67.

［104］刘春志，张雪兰，陈亚男．信用信息分享、银行集中度与信贷供给——来自165个国家和地区（2004-2013）的经验证据［J］．国际金融研究，2016（12）：43-53.

［105］刘海二，石午光．互联网金融的理论焦点与理论分歧［J］．经济学家，2015（5）：62-67.

［106］刘绘，沈庆劫．我国P2P网络借贷的风险与监管研究［J］．财经问题研究，2015（1）：52-59.

［107］刘美秀，周月梅．我国商业银行信用风险分析［J］．宏观经济研究，2012（8）：92-96.

［108］刘新海．征信与大数据［M］．北京：中信出版社：2016.

［109］龙海明，王志鹏．征信系统、法律权利保护与银行信贷［J］．金融研究，2017（2）.

［110］卢芮欣．大数据时代中国征信的机遇与挑战［J］．金融理论与实践，2015（2）：103-107.

［111］罗明雄，唐颖，刘勇．互联网金融［M］．北京：中国财政经济出版社，2014.

［112］吕劲松．关于中小企业融资难，融资贵问题的思考［J］．金融研究，2015（11）：115-123.

［113］马光荣，杨恩艳．社会网络，非正规金融与创业［J］．经济研究，2011（3）：83-94.

［114］马晓君．基于数据挖掘的新标准客户信用风险管理规则的构建——以央企中航国际钢铁贸易公司为例［J］．管理世界，2015（3）：184-185.

［115］皮天雷，赵铁．互联网金融：范畴、革新与展望［J］．财经科学，2014（6）：22-30.

［116］钱龙．信息不对称与中小企业信贷风险缓释机制研究［J］．金融研究，2015（10）：115-132.

[117] 饶越. 互联网金融的实际运行与监管体系催生 [J]. 改革, 2014 (3): 56-63.

[118] 沈洪波, 廖冠民. 信用评级机构可以提供增量信息吗? ——基于短期融资的实证检验 [J]. 财贸经济, 2014, 35 (8): 62-70.

[119] 沈悦, 郭品. 互联网金融, 技术溢出与商业银行全要素生产率 [J]. 金融研究, 2015 (3): 160-175.

[120] 石晓军, 张顺明. 商业信用, 融资约束及效率影响 [J]. 经济研究, 2010 (1): 102-114.

[121] 孙文娜, 胡继成, 赵建春. 征信机构产生与经济发展的关系研究——以英、美、奥、中四国为例 [J]. 经济学家, 2016 (8): 88-94.

[122] 孙文娜, 苏跃辉. 外部环境变化与征信机构发展——以 20 世纪初期中、美两国为例的分析 [J]. 上海经济研究, 2016 (7): 120-128.

[123] 宋刚, 张楠, 朱慧. 城市管理复杂性与基于大数据的应对策略研究 [J]. 城市管理, 2014 (8): 95-102.

[124] 王勇, 王蒲生. 大数据征信的隐私风险与应对策略 [J]. 自然辩证法研究, 2016 (7): 118-122.

[125] 王磊, 范超, 解明明. 数据挖掘模型在小企业主信用评分领域的应用 [J]. 统计研究, 2014 (10): 89-98.

[126] 王仁祥, 杨曼. 中国金融创新质量指数研究——基于 "技术—金融" 范式 [J]. 世界经济研究, 2015 (7): 3-13.

[127] 王馨. 互联网金融助解 "长尾" 小微企业融资难问题研究 [J]. 金融研究, 2015 (9): 128-139.

[128] 王颖, 曾康霖. 论普惠: 普惠金融的经济伦理本质与史学简析 [J]. 金融研究, 2016 (2): 37-54.

[129] 王在全. 中国民营企业融资状况发展报告 [M]. 北京: 中国经济出版社, 2015.

[130] 万存知. 何为征信? [J]. 征信. 2009 (2): 1-9.

［131］魏强．大数据征信在互联网金融中的应用分析［J］．金融经济，2018（4）：11-13．

［132］吴晶妹．2015 展望：网络征信发展元年［J］．征信，2014（12）：1-4．

［133］吴晶妹．从信用的内涵与构成看大数据征信［J］．首都师范大学学报（社会科学版），2015（6）：66-72．

［134］吴晶妹．未来中国征信——三大数据体系［J］．征信，2013（1）：4-12．

［135］吴晶妹，王银旭．以诚信度为基础的个人信用全面刻画初探——基于 WU'S 三维信用论视角［J］．征信，2017（12）：3-5．

［136］吴勇．农村中小企业信贷融资问题博弈分析［J］．管理世界，2015（1）：171-172．

［137］肖斌卿，杨旸，李心丹，李昊骅．基于模糊神经网络的小微企业信用评级研究［J］．管理科学学报，2016（11）：114-126．

［138］谢平，邹传伟，刘海二．互联网金融的基础理论［J］．金融研究，2015（8）：1-12．

［139］谢平，邹传伟，刘海二．互联网金融手册［M］．北京：中国人民大学出版社，2014．

［140］谢旭．全程信用管理模式的理论与实践［J］．管理世界，2014（6）：4-6．

［141］信联网商务信用体系建设项目组，耿勇，王毅，李煜伟，张云起．信联网商务信用体系理论与实践——信联网在旅游信用监管中的应用［J］．中央财经大学学报，2018（5）：88-94．

［142］徐超．美国信贷市场结构：演变，影响及启示——基于金融监管视角［J］．国际金融研究，2014（5）：52-62．

［143］杨东，徐信予．个人征信机构独立性研究［J］．中国高校社会科学，2017（6）．

［144］杨东援．城市居民空间活动研究中大数据与复杂性理论的融合

[J]. 城市规划学刊，2017（2）：31-36.

[145] 杨利民，邹际祥. 银行大数据征信困局 [J]. 中国金融，2018（19）：103-103.

[146] 姚国庆. 征信体系的作用与效率——基于信息不对称随机有限重复博弈的分析 [J]. 南开经济研究，2012（1）：19-32.

[147] 姚铮，胡梦婕，叶敏. 社会网络增进小微企业贷款可得性作用机理研究 [J]. 管理世界，2013（4）：135-149.

[148] 叶谦. 征信理论与实务 [M]. 北京：高等教育出版社，2015.

[149] 尹志超，甘犁. 信息不对称、企业异质性与信贷风险 [J]. 经济研究，2011（9）：121-132.

[150] 于蔚，汪森军，金祥荣. 政治关联和融资约束：信息效应与资源效应 [J]. 经济研究，2014（9）：125-139.

[151] 余丽霞，郑洁. 大数据背景下我国互联网征信问题研究——以芝麻信用为例 [J]. 金融发展研究，2017（9）：46-52.

[152] 袁海瑛. 大数据背景下的互联网融资信用评价体系构建 [J]. 上海经济研究，2017（12）：66-72.

[153] 运迪，周建辉. 基于改进 Z 值模型的企业信用风险评估与检验 [J]. 统计与决策，2014（10）：173-176.

[154] 曾建光. 网络安全风险感知与互联网金融的资产定价 [J]. 经济研究，2015（7）：131-145.

[155] 张海洋. 融资约束下金融互助模式的演进——从民间金融到网络借贷 [J]. 金融研究，2017（3）：101-115.

[156] 张杰，刘元春，翟福昕，芦哲. 银行歧视，商业信用与企业发展 [J]. 世界经济，2013（9）：94-126.

[157] 张五常，交易费用的范式 [J]. 社会科学战线，1999（1）.

[158] 张晓玫，宋卓霖. 保证担保、抵押担保与贷款风险缓释机制探究——来自非上市中小微企业的证据 [J]. 金融研究，2016（1）：83-98.

[159] 张新民，张婷婷. 信贷歧视、商业信用与资本配置效率 [J].

经济与管理研究，2016，37（4）：26-33.

［160］张永林．互联网、信息元与屏幕化市场——现代网络经济理论模型和应用［J］．经济研究，2016（9）：147-161.

［161］张玉喜．网络金融的风险管理研究［J］．管理世界，2011（10）：140-141.

［162］张赟，肖羽，朱南．社交数据在个人征信中的可靠性初探［J］．上海金融，2016（3）：50-54.

［163］赵大伟．大数据技术驱动下的互联网消费金融研究［J］．金融与经济，2017（1）：41-45.

［164］赵园园．互联网征信中个人信息保护制度的审视与反思［J］．广东社会科学，2017（3）：212-220.

［165］赵志勇．个人大数据征信：模式困境与出路探析［J］．上海金融，2017（7）：92-95.

［166］郑婷予，陈林．"互联网+"背景下我国分享经济发展研究［J］．宏观经济管理，2017（4）：55-58.

［167］植凤寅．大数据征信与小微金融服务［J］．中国金融，2014（24）．

［168］中国合作贸易企业协会商务部研究院信用评级与认证中心．中国企业信用发展报告（2016）［M］．北京：中国经济出版社，2016.

［169］中国合作贸易企业协会，商务部研究院信用评级与认证中心．中国企业信用发展报告（2017）［M］．北京：中国经济出版社，2017.

［170］中国人民银行征信中心与金融研究所联合课题组，纪志宏，王晓明，曹凝蓉，金中夏．互联网信贷、信用风险管理与征信［J］．金融研究，2015（10）：133-147.

［171］周涛．大数据1.0版本、2.0版本和3.0版本颠覆性变化下的商业革命［J］．人民论坛，2016（5）：24-25.